麦格劳希尔
给孩子的经济学思维课

Economics: Today and Tomorrow

我要怎么买东西才划算？

［美］罗杰·勒罗伊·米勒（Roger LeRoy Miller） 著
费伟杰 编译

湖南少年儿童出版社
·长沙·

Copyright © 2008 by The McGraw-Hill Companies, Inc.
All Rights reserved. No part of this publication may be reproduced or transmitted in any form or by any means, electronic or mechanical, including without limitation photocopying, recording, taping, or any database, information or retrieval system, without the prior written permission of the publisher.
This authorized Chinese adaptation is published by China South Booky Culture Media Co., LTD. in arrangement with McGraw-Hill Education (Singapore) Pte. Ltd. This edition is authorized for sale in the People's Republic of China, excluding Hong Kong, Macao SAR and Taiwan.
Translation Copyright © 2024 by McGraw-Hill Education (Singapore) Pte. Ltd. and China South Booky Culture Media Co., LTD.

©中南博集天卷文化传媒有限公司。本书版权受法律保护。未经权利人许可，任何人不得以任何方式使用本书包括正文、插图、封面、版式等任何部分内容，违者将受到法律制裁。

著作权合同登记号：图字18-2023-257

图书在版编目（CIP）数据

我要怎么买东西才划算？／（美）罗杰·勒罗伊·米勒著；费伟杰编译. -- 长沙：湖南少年儿童出版社，2024.6
（麦格劳希尔给孩子的经济学思维课）
ISBN 978-7-5562-7421-5

Ⅰ.①我… Ⅱ.①罗… ②费… Ⅲ.①经济学—少儿读物 Ⅳ.①F0-49

中国国家版本馆CIP数据核字（2024）第012140号

MAIGELAOXI'ER GEI HAIZI DE JINGJIXUE SIWEI KE WO YAO ZENME MAI DONGXI CAI HUASUAN?

麦格劳希尔给孩子的经济学思维课 我要怎么买东西才划算？
［美］罗杰·勒罗伊·米勒（Roger LeRoy Miller） 著 费伟杰 编译

监　　制：齐小苗	插　　图：贾　涵
责任编辑：张　新　蔡甜甜	营销编辑：刘子嘉
文案编辑：王静岚	装帧设计：霍雨佳

出 版 人：刘星保
出　　版：湖南少年儿童出版社
地　　址：湖南省长沙市晚报大道89号
邮　　编：410016
电　　话：0731-82196320
常年法律顾问：湖南崇民律师事务所　柳成柱律师
经　　销：新华书店
开　　本：875 mm×1230 mm　1/32
字　　数：82千字
版　　次：2024年6月第1版
书　　号：ISBN 978-7-5562-7421-5

印　　刷：天津联城印刷有限公司
印　　张：4.5
印　　次：2024年6月第1次印刷
定　　价：148.00元（全3册）

若有质量问题，请致电质量监督电话：010-59096394　团购电话：010-59320018

目录

1 消费者要学会做选择　　1
- 我们为什么要做选择？　　2
- 我们如何做出更好的选择？　　13
- 像经济学家一样思考　　20

2 如何做一个聪明的消费者　　29
- 我们花的钱从哪里来？　　30
- 买东西的学问　　36
- 消费者有哪些权利和义务？　　44

3 消费者有时需要借钱　　55
- 钱不够花了怎么办？　　56
- 我们可以从哪里借钱？　　61
- 为什么有人借不到钱？　　66

4 消费者要学会理财 73
- 当我们有了多余的钱时 74
- 投资是一种赚钱的方式 79
- 理财时也要进行权衡取舍 86

5 需求和供给共同决定了价格 93
- 买方和卖方都会受价格的影响 94
- 需求曲线体现了需求量和价格的反向变化 102
- 供给曲线体现了供给量和价格的正向变化 113
- 供求平衡为什么很难实现？ 122

1
消费者要学会做选择

- 我们为什么要做选择?
- 我们如何做出更好的选择?
- 像经济学家一样思考

我们为什么要做选择?

> ✲ 《哈利·波特》中的经济学 ✲
>
> 在哈利·波特生活的魔法世界里,不论你想要什么,似乎用一根魔杖就能办到。
>
> 事实上,无论是麻瓜世界,还是魔法世界,都存在着稀缺性。比如:魁地奇世界杯的门票太少了;魔法生物的羽毛或毛发数量有限,做不了太多高级魔杖;不是每个人都能拥有一件隐身衣。

J.K. 罗琳虚构的魔法世界中有自己的中央政府(魔法部)、猫头鹰邮政系统、监狱、医院、新闻媒体以及公共运输系统,甚至还有古灵阁巫师银行和特殊的巫师货币。这样的机构设置足以让亚当·斯密(经济学鼻祖)赞叹不已。

《哈利·波特》中既有资源稀缺性的体现又有金融系统,像这样的经济学内容,书里还能发掘出不少呢!

你是不是经常使用 "想要" 和 "需要" 这两个词?当你说 "我需要新衣服" 时,你是真的需要新衣服吗?还是只是想要?

💰 区分"想要"和"需要"

世界上的大部分资源都是有限的,但人们的欲望是无限的。如何使用有限的资源尽可能地满足人们无限的欲望,这是经济学研究的基本问题,也是人们必须经常做出选择的原因。

> **生活中的经济学**
>
> 想想你最近一次跟妈妈说"我需要……"的场景,妈妈是怎么回答的?这个东西对你来说真的很必要吗?如果得不到会怎么样?

我们经常把"想要"和"需要"这两个词语搞混。有时,当你使用"需要"这个词时,其实你是想要一些自己没有的东西。比如,大人想要新车,小孩想要游戏机,但他们经常说自己需要这些东西。当然,为了生活、学习或工作,我们的确需要某些东西,比如食物、衣服、住所和文具。

那么,怎么区分"想要"和"需要"呢?需要的东西如果得不到,你的生活、学习或工作可能会遇到困难,而想要的东西如果得不到,只会影响你的心情。只有区分了"想要"和"需要",才能更好地进行选择。

3

不光每个人要进行各种选择，每个企业也要进行各种选择。企业家要选择现在生产什么产品，以后生产什么产品，以及停止生产什么产品。事实上，整个社会也面临着对于如何利用资源的各种选择。经济学会指导大家如何做出选择。

你想要的东西都能得到吗？

当你做选择的时候，你可能要考虑如何花费你的金钱，比如：买文具还是买玩具？今天买还是明天买？你也可能考虑如何花费你的时间，比如：周六上午是去打球，还是去游乐场？我们之所以需要做选择，是因为资源具有稀缺性！稀缺性是指金钱、时间等资源都是有限的。

生活中的经济学

如果你是世界上最有钱的人，你拥有的资源会不会是无限的呢？

为什么我们需要做选择？因为几乎所有的东西都是有限的。有些东西可能看起来非常充足，比如森林中的树木，但实际上也是稀缺的。

稀缺性意味着我们没有足够的金钱和时间来满足自己的所有愿望。你的100元零花钱很难买到你想要的游戏币；距期末考试还剩10天的时候，你很难拿出更多的时间来打篮球。那么，如果世界上每个人都很富有，稀缺性还会继续存在吗？当然会继续存在，因为即使是世界上最富有的人，也不会有无限的时间。

注意，不要把稀缺和短缺两个词搞混！稀缺会一直存在，而短缺通常是暂时的，比如，龙卷风或洪水可能会使物资出现暂时性的短缺。

你想要的东西是怎么来的？

当你吃面包的时候，你想过面包是哪里来的吗？你可能会说，面包是烤出来的。经济学家会这样说："面包是使用面粉、鸡蛋、烤箱等生产资源生产出来的。"事实上，不仅金钱和时间具有稀缺性，生产资源也具有稀缺性。生产资源也叫生产要素，是指在生产商品或提供服务的过程中需要投入的资源，主要包括自然资源、人力资源和资本资源，现代社会中，企业家精神和技术也是重要的生产资源。因为生产资源是稀缺的，所以我们需要合理使用这些生产资源。

生活中的经济学

假设你在一个小花园里挖到了一堆钻石，为了生产出璀璨夺目的珠宝首饰，你雇用了工人，又购买了切割钻石的机器，然后开始生产。想一想，你拥有了哪些生产资源？

自然资源

指不受人类干预而存在的资源，比如土地、水、矿产、阳光等。生产面包使用的水，就是一种自然资源。

人力资源

也被称为"劳动力"，包括生产商品和提供服务过程中人们付出的脑力和体力劳动。生产面包的烘焙师就是人力资源。

> **小知识**
>
> 商品和服务都是人们想要和需要的，并且买得到。区别在于：商品是有形的，看得见，摸得着，买完能带走，比如食物、衣服、电脑等；服务是一种需付费的活动或行为，比如理发、看病等。

资本资源

为了生产商品和提供服务而投入的物资，比如厂房、机器设备等。生产面包使用的烤箱就属于资本资源。

优化资本资源可以提高生产率，也就是说，你可以用更好的方式生产更多的产品。

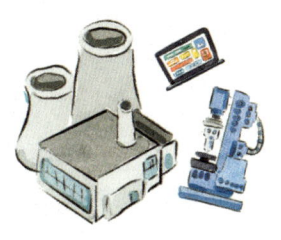

小知识

一个东西如果你买来自用，对你来说它就是商品，如果用于生产其他商品，对你来说它就不是商品，而是资本资源。比如，如果你家买面粉用于自己家做饭吃，这个面粉对你来说就是商品；如果你买来面粉用于烤面包卖给其他小朋友，这个面粉对你来说就是资本资源。

企业家精神

指企业家开办新企业的能力，引入新产品的能力，也包括为了利润而承担风险的动机和意愿，等等。当然，企业家也必须能承担失败的代价。

技术

各种提高自然资源、人力资源和资本资源使用效率的方法都属于技术。比如，相对于早年的传呼机，现在的智能手机就是技术进步的体现。

一个人对生产资源占有的多少往往会决定其财富的多少。比如，你拥有的土地或技术越多，你可能就会越富有；你如果拥有企业家精神，或许能赚到更多的钱。同样的道理，拥有更多生产资源的国家通常也会比较富裕。

亚当·斯密

经济学家（1723—1790）
古典经济学创始人，现代经济学之父
著有《道德情操论》《国富论》

亚当·斯密（Adam Smith），1723年出生于英国。他在学校表现优异，14岁时考入格拉斯哥大学，17岁时又考入牛津大学。

斯密年轻时，接触到了许多著名的学者和先进的思想，加上他在欧洲大陆三年的旅行经历，为他撰写《国富论》这本重要著作奠定了基础。1776年，斯密用6年时间写作、用3年时间修改的《国富论》终于完成，这标志着古典自由主义经济学的正式诞生。斯密的主要观点是：

> **当每个人都追求自己的私人利益时，他们会被一只看不见的手引导着去促进另一个目标，也就是促进整个社会的福利和繁荣。**

斯密还认为，在政府有限的监管下，人们应该能够通过自由市场的自愿交易实现共赢。

亚当·斯密在《国富论》中提出了许多新的观点，并因此创立了古典经济学学派。

> 🕐 **想一想**

你能阐述一下亚当·斯密在《国富论》中的主要观点吗?

你认为亚当·斯密为什么能写出《国富论》这样伟大的著作?

全球经济

你每天使用的铅笔,是一个全球产品,能满足全世界任何一个国家消费者的需求。

生产一支铅笔使用的自然资源来自世界各地。

橡皮

铅笔上的橡皮一般是用橡胶和浮石等材料做的。浮石是实际擦除的成分,橡胶只是把浮石连接在一起。浮石可能产自意大利,橡胶可能产自马来西亚。

铅

铅笔里那根黑色的"铅"并不是真正的铅,而是石墨和黏土的混合物。石墨可能产自斯里兰卡、马达加斯加和墨西哥。黏土可能来自德国和格鲁吉亚。

蜡

铅笔的木质外壳摸起来很光滑,这是因为外壳上刷了一层蜡质,蜡质也会渗入木材,木材中的蜡使成品铅笔更容易削。这种蜡质可能来自巴西。

木质外壳

大多数铅笔的木质外壳是香雪松制成的,这些雪松可能来自美国的加利福尼亚。

小知识

你知道为什么美国的很多铅笔要涂成黄色吗？19世纪，世界上最好的石墨来自中国，中国的商品在欧美国家非常时髦。在那时的中国，黄色象征皇室和权威，所以美国铅笔制造商将铅笔涂成亮黄色，以此获得更好的销量。

全球思维

生产铅笔需要哪些不同的原材料？可能来自哪些国家？

如果巴西的蜡价格提高了一倍，你认为铅笔的价格会怎么变化？

当我们从外国购买原材料生产铅笔时，这个交易对外国有什么好处？

我们如何做出更好的选择？

✳ 政府面临的一个权衡取舍 ✳

有个居民区旁边有一片空地，政府有两个选择：建一所学校，或者建一个公园。于是政府开始征求附近居民的意见。有的居民支持建学校，理由是方便孩子们上学；有的居民支持建公园，理由是方便大家锻炼身体。因此，政府需要在两个方案中进行权衡取舍，选择建学校，就得放弃建公园，选择建公园，就得放弃建学校。

上一节提到的稀缺性要求人们合理使用自己的金钱、时间等各种资源。在这个过程中，你会面临各种选择。事实上，你做出的每一个选择都会或多或少地影响你以后的生活。举个例子：你长大后，可以选择去公司工作，也可以选择去政府部门工作，还可以选择自己创业，开一家自己的公司。类似这样的选择会影响你生活的

方方面面，比如会影响你每个月的收入，会影响你每天的时间安排，等等。

有选择就会有放弃

我们几乎每天都要进行各种权衡，选择什么，放弃什么，有选择就会有放弃。

生活中的经济学

想一想，你最近一次看电视是什么时候？如果那个时间段你没有看电视，你是不是可以做其他的事情？换句话说，你因为那次看电视放弃了什么？

人们每天都会做出各种选择。比如你的零花钱可以买炸鸡，也可以买服饰，如果你选择全部用来买炸鸡，就无法再买服饰了；如果你选择全部用来买服饰，就无法再买炸鸡了，这是一个关于使用金钱的权衡取舍。

在周末，你可以选择游泳，也可以选择听音乐会。如果你选择游泳，就要放弃听音乐会；如果你选择听音乐会，就要放弃游泳,这是一个关于使用时间资源的权衡取舍。无论是个人、家庭、企业,还是整个社会,选择了一种资源使用方案,就会放弃另一种方案,这些都是权衡取舍。

你为了得到一样东西或做一件事情,可能需要放弃很多东西或事情。举个例子:时间是一种稀缺资源,一个人的一天只有24小时,所以在如何使用时间上,你经常需要做出权衡取舍。当你选择用1小时学习经济学时,你就放弃了这1小时里可以做的其他任何事情,比如跟好朋友聊天、逛街、看电视,也可能是弹吉他。在所有放弃的事情里,你最喜欢的那一个,就是经济学家说的"机会成本"。举个例子:如果你在聊天、逛街、看电视和弹吉他中最喜欢看电视,那么看电视就是你选择学习经济学的机会成本。

还可以这样理解机会成本：当你做出权衡取舍时，你会放弃一些东西，那么你放弃了什么呢？你放弃的是选择第二好方案的机会，那么，这个第二好的方案就是机会成本。当然，如果只有两个方案，放弃的方案就是机会成本。

权衡取舍是有成本的，这个成本就是机会成本。因此，我们做选择时要考虑机会成本。而且，不光个人做选择时要考虑机会成本，家庭、企业和整个社会做选择时也要考虑机会成本。

企业和国家面临权衡取舍

经济学家使用生产可能性曲线表示使用固定数量的资源最多可以生产的商品或服务组合。

生活中的经济学

假如你正在学习经济学和数学，你每周会花10小时学习这两个科目，那么你会如何安排每个科目的学习时间呢？

我们知道，很多企业不止生产一种产品。例如：一家面

包店既能生产切片面包，也能生产热狗；一家汽车公司既能生产轿车，也能生产 SUV。假设面包店的面粉、鸡蛋等生产资源数量不变，如果选择多生产切片面包，就需要少生产热狗。假设汽车公司的生产资源数量不变，如果多生产轿车，就需要少生产 SUV。因此，多生产一样东西是有机会成本的。

经济学家使用"生产可能性曲线"来表示使用固定数量的资源最多可以生产的商品或服务组合。这条曲线可以确定组合中每个商品或服务的数量，从而能直观地展现每个生产决策的机会成本。

经济学家在解释生产可能性曲线时经常会提到一个非常经典的例子——国家在生产军用产品和民用产品之间的权衡取舍，有时被称为"枪支与黄油"。

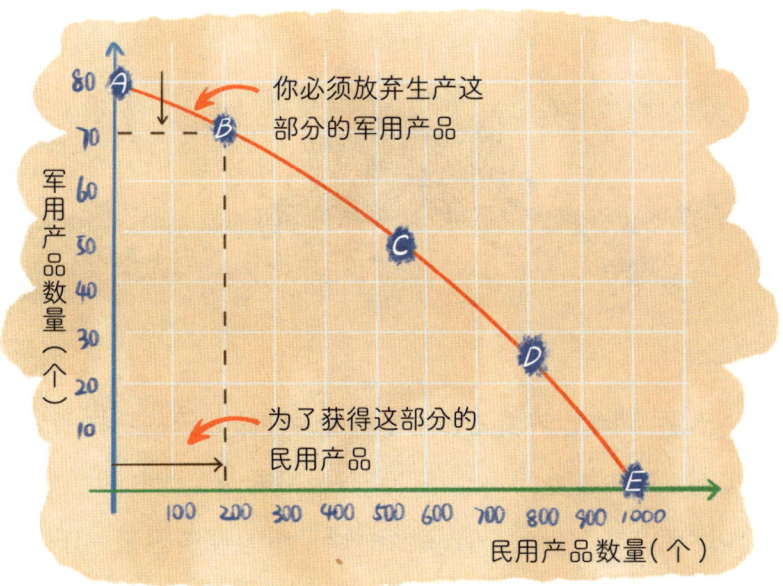

上图表示一个小岛国枪支和黄油的生产可能性曲线,该曲线体现了它在选择生产枪支和黄油时的权衡取舍。图中的 A 点
表示岛国的所有资源最多可生产 80 支枪。E 点表示岛国的所有资源最多可生产 1000 千克黄油。图中的 B、C、D 点表示岛国的资源同时生产枪支和黄油的各种组合。从 A 点到 B 点,多生产了 200 千克黄油,但少生产了 10 支枪。

也就是说,如果岛国想多生产一种产品,就必须少生产另一种产品,他们需要在这两种产品之间进行权衡取舍。岛国如果觉得安全更重要,就多生产枪支,少生产黄油,这样岛民的生活水平就会降低。岛国如果觉得提高岛民的生活水平更重要,就多生产黄油,少生产枪支,这样岛国的安全水平就会降低。

当然,现实世界并不像生产可能性曲线显示的那样简单。事实上,从曲线上的 A 点移动到 B 点需要一定的时间。另外,就国家而言,政府在分配资源时除了考虑经济因素,还要考虑政治和社会因素。但不可否认的是，生产可能性曲线可以帮助国家、企业和个人更好地规划和使用资源。

像经济学家一样思考

✷ 消费者眼中的经济 ✷

过去,人们之间的通信主要靠固定电话。手机刚出现的时候很重,像一块大石头,携带很不方便。几年后出现了非常小巧的手机,但只能打电话、发短信,而且是黑白屏。没过多久彩屏手机出现了,铃声也更加酷炫了。几年后智能手机开始普及,而且几乎每年都会更新换代。现在的智能手机,几乎人手一个,而且已经普及到了中学生。

事实上,不光是手机,电脑、汽车、住房都在快速地更新换代,消费者切身感受到了生活水平的提高。

然而,不管人们的收入水平如何,消费者总觉得钱不够花,还需要更多的钱。即使是那些非常富有的人也表示他们需要更多的钱。我们似乎习惯了不满足于现状,尽管我们已经生活得很舒适。

经济学关注的是个人、家庭、企业和国家如何使用稀缺的资源。例如：经济学家可能会分析人们如何花费他们的金钱，以及这些消费对经济的影响。那么，经济学家是怎么研究这些经济问题的呢？

经济学家怎么建立经济模型？

提到模型，你想到的可能有汽车模型、飞机模型或者建筑模型。事实上，在经济学的世界里，也有一种模型叫经济模型。与其他模型一样，经济模型是对现实经济情况的简化表示，它可以帮助经济学家更好地研究经济。

生活中的经济学

看体育比赛的时候，你预测过比赛结果吗？你是怎么预测的？经济学家也做预测，不过他们使用的工具是经济模型。

对经济学家来说，经济是指一个国家中影响商品和服务

21

的生产、分配和使用的所有活动。当经济学家研究经济的某个部分，比如青少年的消费习惯时，他们就会从现实世界中收集数据，然后形成理论。经济学家使用的这种理论被称为"经济模型"。

经济学家通过这些模型可以解释和预测经济现象，由此得出的结论可以成为企业或政府进行决策的基础。比如经济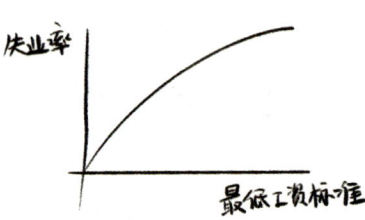学家通过经济模型发现当今的青少年更多关注产品的创意和文化内涵，而对价格并不是特别敏感，这时候企业在设计产品和定价时就要考虑这个因素。请记住，任何一个经济模型都不能记录问题的每一个细节，只能显示分析这个问题所需的基本因素。

经济模型是用来说明什么的？

建立经济模型的目的是把个人、家庭、企业或国家的经济行为更直观地体现出来。最常见的经济模型是一种叫需求曲线的折线图，用来解释消费者对商品和服务价格变化的反应。你将在本书的第105页中了解这个模型。

怎么创建经济模型呢？

创建模型前，经济学家会先提出某个关于经济运行的假设，然后收集事实，剔除不相关的东西。

举个例子：一个经济学家想要弄清楚为什么年轻人失业率会上升。通过分析，他发现失业率上升总是发生在最低工资标准提高的时候。因为在这种情况下，老板要么向员工支付更多的工资，要么解雇

一些员工。在这里，"最低工资标准提高导致失业率上升"就是经济学家提出的经济模型假设。

为什么要检验模型呢？

通过检验经济模型假设，经济学家能够了解模型是否很好地反映了现实。假设一位经济学家创建了下图所示的经济模型，接下来他可能会收集过去30年每年失业人数的数据，也会收集30年来关于法定最低工资标准的信息。

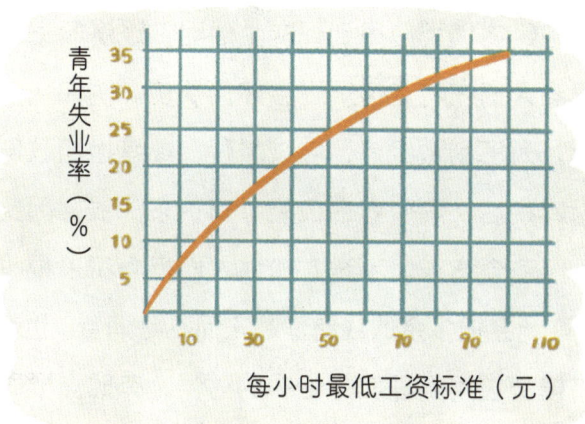

23

如果经济学家根据收集的数据画出了上面这样的图形，说明每次最低工资标准上升的时候，失业率都会上升，那么经济学家会非常满意这个经济模型。

但如果经济学家根据收集的数据画出了下面这样的图形，说明他的经济模型假设有问题，那经济学家只能再创建另一个模型来解释失业率的变化。

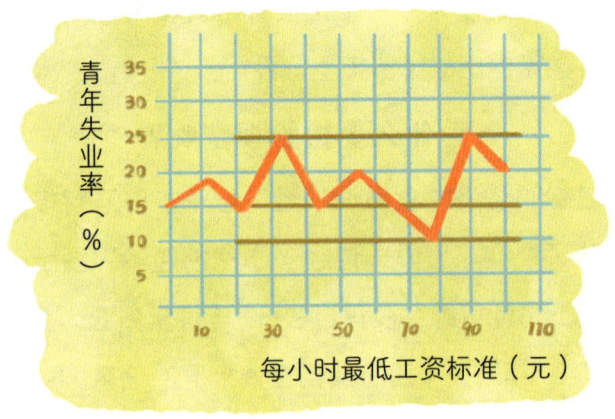

如何把经济模型应用到现实生活呢？经济学家的大部分工作是预测人们在特定情况下会如何反应。例如：一些经济学家认为，为了刺激经济，应该减税，或者增加政府开支。他们认为减税后，消费者的口袋会有更多的钱，因此，消费会增加，经济会增长。不过，如果人们担心将来税收还会增加，他们可能会把多余的钱储蓄起来而不是消费。也就是说，在把经济模型应用到现实生活中的时候，有时需要同时考虑几个因素，因为这几个因素可能都会影响人们的行为。

经济学家也会拉"帮"结"派"?

不同学派的经济学家可能会支持不同的经济理论。

> **生活中的经济学**
>
> 你曾经和朋友读过同一本书或看过同一部电影吗?你们对书或电影的看法是否会有不同?

经济学家处理的是事实。然而,他们如何看待这些事实,以及如何使事实和经济理论相契合,都会受到他们个人观点和信仰的影响。经济学家生活所在地的政府行为也会影响其对世界的看法。因此,对于某个经济理论是否提供了最佳的预测,并不是所有的经济学家都会意见一致。通常,经济学家会认为他们自己的理论比其他经济学派的更好。

学习经济学可以帮助你预测事情的结果，比如你做了某件事情会怎么样，或者政府制定了某项政策会怎么样。但是，经济学不会告诉你结果是好还是坏，因为对结果的判断取决于一个人的价值观。

例如，有些人认为应该降低失业率、刺激经济，但具体应该怎么做，大家却会有不同的意见。如果你是一位银行家，你可能认为应该下调存贷款利率；如果你是一位政府官员，你可能认为应该下调税率；如果你是一位公益人士，你可能认为应该帮助尽可能多的失业人员找到工作。而经济学家会根据他们的专业知识告诉你这些方案能否真的降低失业率。

你一定要记住，经济学不是用来判断某项决策或政策是好还是坏，而只会告诉我们这项决策或政策可能产生的后果。

权衡取舍：工作还是上大学？

美国某大学设立了全国首个 4 年制的赛车运动管理本科专业，这个专业的学生毕业后很好找工作。

据了解，赛车运动管理岗位的收入水平很高，当时的平均年薪为 7.2 万美元。

假设在美国私立大学或州外公立大学读四年的费用大约是 12 万美元，州内公立大学大约是 4 万美元。

假设美国本科毕业生平均年薪 5.1 万美元，研究生学历平均年薪超过 7.4 万美元。高中毕业平均年薪大概 2.8 万美元，高中没毕业的平均年薪不到 1.9 万美元。

想一想

读完赛车运动管理本科专业的机会成本是多少？

赛车运动管理岗位的平均年薪与普通本科毕业生的平均年薪哪个更高？

你高中毕业后是想直接工作，还是上大学？

2
如何做一个聪明的消费者

- 我们花的钱从哪里来？
- 买东西的学问
- 消费者有哪些权利和义务？

我们花的钱从哪里来？

✵ 一边消费一边学经济学 ✵

作为一个小学生，学习经济学真的很有必要，一是能培养良好的消费习惯，二是能在生活中做出更聪明的选择，三是能更好地认识世界。学习经济学的途径有很多，比如读书、上课。当然你还可以在日常的消费中学习，而且这是一个很有效的学习方式。

每年的年初，你可以设定自己这一年的愿望清单，第一想要什么，第二想要什么……你可以按照先"需要"，后"想要"的顺序排列。当然，你也可以每月的月初设定这个月的愿望清单。

接下来，你需要考虑自己这段时间的零花钱数量，也就是预算。因为你的零花钱具有稀缺性，所以愿望清单里的愿望很难全部都实现，你需要理智地进行选择，留下几个最想实现的愿望，同时也要放弃几个愿望，这就是权衡取舍。

这段时间结束后,你需要进行总结:你留下的愿望都实现了吗?你的零花钱还有剩余吗?无论怎么样,你都需要想想为什么,下一个阶段该怎么做。

你喜欢花钱买玩具和零食吗?还是喜欢把钱存起来留着买更贵的东西?明智的消费决策可以帮助你得到更多的好处,还可以帮你实现长期的财务目标。那么,如何才能做出明智的消费决策呢?

消费者的收入从哪里来的?

等你工作后赚了钱,按照法律规定,你要先向政府交税,交税后剩余的钱你可以用来买东西,也可以存起来。

生活中的经济学

长大后你打算做什么工作?为什么?你觉得钱对你来说重要吗?

为了满足个人的需求而购买商品或服务的人叫消费者。

每个人都是消费者，消费者在经济中扮演着重要的角色。消费者的钱会花在各种各样的东西上，比如食品、服装、住房、文具、玩具等。

作为消费者，你的消费能力不光取决于你的收入，还取决于你的收入有多少用于现在的消费，多少用于未来的消费。

经济学家把收入区分为可支配收入和可自由支配收入。当你有了收入时，交完税之后剩下的那部分叫作可支配收入。但是你并不能用可支配收入想买什么就买什么，也就是说，这部分收入你并不能自由地支配。

你必须先用可支配收入购买衣、食、住、行等方面的生活必需品，买完生活必需品后剩余的收入才是你可以自由支配的，也就是可自由支配收入。这部分收入，你可以选择存起来（也叫储蓄），也可以选择现在消费，比如购买玩具或者用于娱乐。

回顾：这里哪些是"想要"？哪些是"需要"？

当你工作后，你的收入高低会受到很多因素的影响，比如你的受教育程度，你从事的职业，你所在的国家或地区，等等。

一般来说，受教育程度越高，收入水平可能就越高。比如，同专业研究生毕业生的平均工资通常高于本科毕业生，本科毕业生的平均工资通常高于专科毕业生。

不同职业的收入水平也会有所差异。比如，科学家的收入会高于中小学老师，银行职员的收入会高于清洁工。

消费者如何做出聪明的选择？

消费者决策是指消费者在不同的方案之间进行选择，选这个还是选那个，这个选多少，那个选多少。

生活中的经济学

你最近都买过什么东西？你为什么要买这些东西呢？

作为消费者，你在买东西的时候有没有做过权衡取舍？有没有考虑过"我要不要买"和"我为什么买"？你是先考虑"需要"的东西，还是先考虑"想要"的东西？接下来你会了解，消费者在决策时需要考虑哪些因素。

买东西涉及哪些稀缺资源？

当你决定购买一个东西之后，至少会涉及两种稀缺资源的利用，也就是金钱和时间。花钱之前，你需要花时间了解你要购买的产品的信息。

假设你想买一辆山地自行车，有那么多的品牌和型号，怎样才能了解每一款的特性和价格呢？你可以先去专卖店逛逛，同时上网研究一下，做个比较。上网研究需要花时间，去逛专卖店也需要花时间，这些时间对你来说都是成本。当你买到心仪的山地自行车后，买车的钱对你来说也是成本。无论是花掉的金钱还是时间，你都不能花在别的事情上了，所以你的金钱和时间都是稀缺资源。

更贵的产品对你来说真的很重要吗？

因为你的金钱是稀缺的，所以很多时候，如果你买了更贵的东西，你就放弃了用多出来的钱买其他的东西。假设你想买一双新跑鞋，现在有两款可以选择：A 款有一个泵系统，它可以使跑鞋与你的脚踝更加贴合，而 B 款没有。当然，A 款比 B 款贵 80 元。如果你选择 A 款，那么你需要多花 80 元。与购买 B 款跑鞋相比，你购买 A 款跑鞋就要放弃用 80 元买其他的东西。

这时候你应该仔细想想：更贵的产品对你来说真的很重要吗？多出来的钱是不是可以花在别的地方？

什么才是理性的选择？如果价格等其他条件一样，你能从同类产品中选择质量最好的，这是理性选择；如果质量等其他条件一样，你能从同类产品中选择价格最低的，这也是理性选择。理性选择还包括购买最能满足你需求的商品和服务。

买东西的学问

✳ 从电视广告到直播带货 ✳

十几年前,对广告公司的创意总监来说,电视广告是他们关注的焦点,也是他们的世界。无论是"有汇源才叫过年哪""车到山前必有路,有路必有丰田车"这些经典的电视广告词,还是 2010 年 CCTV 独家直播世界杯,每秒广告费达到了惊人的 12 万元人民币,这些都曾是他们的荣耀。

相比之下,那时的广告公司还不重视互联网广告,所以那时的互联网广告很缺乏创意。后来,广告公司在互联网广告上投入了更多的人才,企业也越来越发现互联网广告比电视广告效果更好,近些年互联网广告超过了电视广告,互联网成了广告费收入最高的媒体。

现在的广告公司已经不满足于普通的互联网广告,而是大力发展直播带货,既有广告效应,又促进了销量,实现了品销一体化,进一步满足了企业的需求。

广告的目标是让消费者花钱,因此企业愿意花费数百万甚至上亿元来吸引你对其产品的注意。但是,金钱和时间都具有稀缺性,作为消费者,你的目标应该是从有限的金钱与时间中获得最大的满足感。接下来,你会学习三个基本的购物原则,或许它们能帮助你实现这个目标!

你对要买的商品或服务有了解吗?

在购买任何东西之前,你都应该尽可能多地了解所要购买的商品或服务的情况。

生活中的经济学

如果你要去看场电影,在购买电影票之前,你会花时间去研究一下要看的电影吗?

假设你想买一辆山地自行车,你应该怎么做选择呢?首先,你必须获得有关山地自行车的商品信息。然后,你可以问问朋友们的意见,也可以去不同的商店和销售人员聊聊各

种品牌和型号的优缺点。当然，你还可以上网研究。如果你想成为一个聪明的消费者，那么在购买之前就应该尽量把这些工作做好。

收集信息是越多越好吗？

获取信息是有成本的，因为收集信息需要花费时间。那么，你应该花多少时间收集信息呢？不同的人可能会有不同的答案，一个人买不同的东西也可能会有不同的答案。

你收集信息需要付出代价，也就是时间和精力；你做出最佳的选择后，会获得满足感。因此，收集的信息并不是越多越好，而是要"值得"。所谓"值得"就是你付出的代价不能高于你获得的满足感。

什么是消费者知识库？

当你选购不同的产品时，你就开始建立消费者知识库了。

你以后买东西时，选购山地自行车时收集的信息或许也能派上用场。让导购为你提供精确的信息也是有技巧的，时间久了，你的技巧会不断提高。

要在短时间内获取大量信息，一个相对简单的方法是上网搜索。你可以搜索你想购买的产品的不同品牌和型号，你也可以看看其他人的购买评论，你还可以浏览销售该产品的电商平台，比较商品的价格、保修期等信息。

广告说的你都信吗？

作为消费者，你应该慎重看待广告。

> **生活中的经济学**
>
> 很多人一看广告就容易冲动购买自己本不打算买的东西，你有过这样的经历吗？

广告无处不在！你在看电视剧的时候会有插播广告，你在马路上行走的时候，会看到各种广告牌，甚至你在等电梯、乘电梯的时候都会有广告出现。有的广告会告诉消费者这款产品不同于其他产品，并且比其他产品更好，企业试图用这种广告从竞争对手那里夺走顾客，或者留住已有的顾客。还有的广告通过提供产品的有用信息（价格、质量和特征等）来吸引消费者。

有些企业会使用虚假广告，夸大产品的质量和功能，或者歪曲产品的真实价格。一个常见的例子是诱饵广告，商家会用广告中某款价格极低的商品做诱饵，等消费者到了商店，销售人员又会指出这种低价商品的缺点，同时向消费者展示另一款更贵的商品，并夸赞这一款商品的优点。

你知道"货比三家"吗？

买东西时，你可以通过货比三家拿到最优惠的价格。

生活中的经济学

想一想，你选择在某家店买东西时，会受到哪些因素的影响？为了找到一个更优惠的价格，你会不会逛好几个地方？

如果你已经收集了足够的产品信息，那么接下来你该决定去哪里购买了。去不同的商店了解产品的类型和价格是值得的，这个过程叫作"货比三家"。

货比三家的方式有很多，你可以看广告推荐、打电话咨询、浏览网页、逛不同的商店，你还可以咨询有经验的朋友。从这些渠道收集了价格，你就可以和商家"砍价"了，争取拿到最低的价格。

货比三家很花时间。就像收集产品信息一样，货比三家也要付出时间和精力；你做出最佳的产品选择后，会获得满足感。你付出的代价不能高于你获得的满足感，否则你的货比三家就不值得了。如果你要买的东西很贵，或者不同商家间质量、价格差异很大，那么货比三家就很有用。

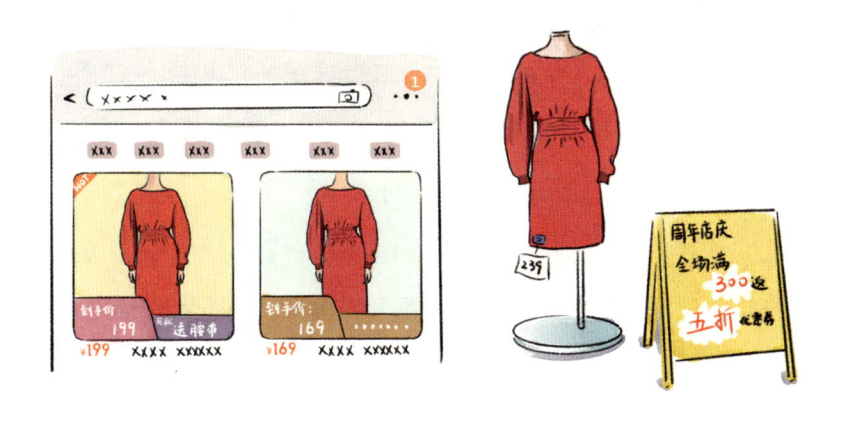

当你货比三家的时候，价格通常是最能影响你做决策的因素。但是，也别忘记看看哪家店提供的售后服务最好。售后服务指的是厂家或销售商做出的承诺，如果你在一定时间内发现产品有问题，他们会进行维修或更换。

奥普拉·温弗瑞

企业家（1954— ）
哈普娱乐集团主席
电视节目主持人和杂志出版商
20 世纪全世界最有影响力的 100 人之一（《时代》杂志评选）
第一位成为亿万富豪的非裔美国女性

奥普拉·温弗瑞（Oprah Winfrey）出生于美国的一个贫困家庭，她是哈普娱乐集团主席，这是一家总部设在芝加哥的电影、电视和视频制作公司。奥普拉主持过广受好评的《奥普拉·温弗瑞秀》，这曾是收视率世界第一的电视脱口秀，在美国每天有 900 万人观看，同时在 117 个国家播出。

奥普拉将她的成功部分归因于她乐于助人的人生哲学，她说："我们生活的社会主要通过物质财富的多少来衡量人们的成功与否，当然这是生活的重要方面。但到最后你会发现，更重要的是精神上的富足，换句话说，是你有没有能力帮助他人，你能帮助哪些人。"

奥普拉相信教育是通往成功的大门，她捐赠了数百万美元给那些优秀但上不起学的孩子。她还曾为南非的 5 万名儿童捐赠了食品、衣服、运动鞋、学习用品、书籍和玩具等。

奥普拉说：

❝ 《奥普拉·温弗瑞秀》这个节目对我来说一直是

最重要的。它给了我一个平台，让我明白了如何让人们过上更好的生活，如何让爸爸们多陪陪孩子。"

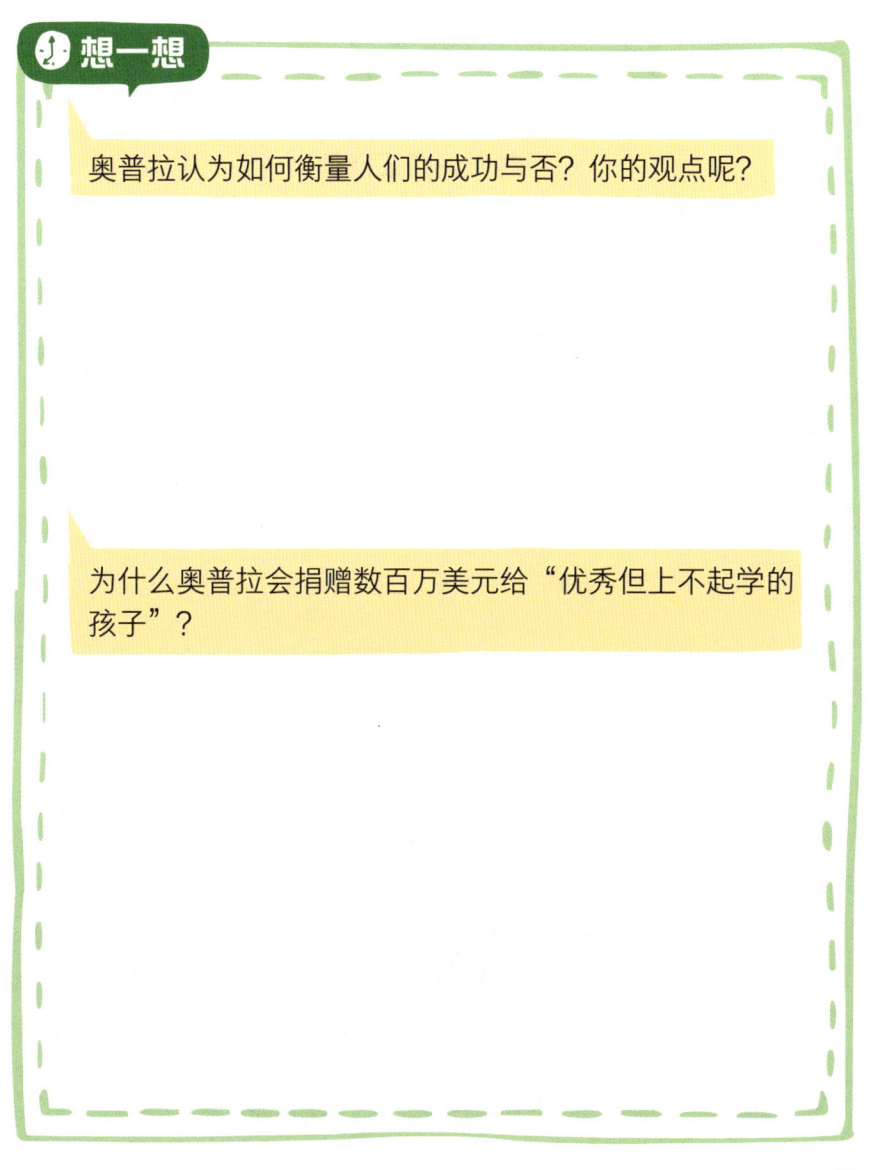

> **想一想**

奥普拉认为如何衡量人们的成功与否？你的观点呢？

为什么奥普拉会捐赠数百万美元给"优秀但上不起学的孩子"？

消费者有哪些权利和义务？

✲ 预付卡消费须谨慎 ✲

2017 年至 2019 年，张某等近百位家长为孩子在一个游泳馆花几千元到上万元购买了游泳课包。2020 年初，该游泳馆因为疫情一直处于闭店状态，几个月后因为场地合同到期停止营业。

后来游泳馆只退还了部分家长的剩余课时费，张某等家长迟迟没有收到退款。张某和其他几个家长与游泳馆协商无果后，把游泳馆起诉至法院。最后法院依法判决游泳馆向张某等家长退还剩余课时费。

类似上述的预付卡消费在教育培训、美容美发、洗车、洗衣、健身等服务中广泛存在。办卡过程中可能存在商家宣传诱导的情形，合同中可能会存在"消费者办卡后不补、不退、不得转让，逾期作废概不退款"等约定，还有部分商家以装修、维护等事由为名，携款跑路，造成消费者的消费困境。

作为消费者，你在购买商品和服务时，一定要充分了解其可靠性和潜在的问题，不要冲动消费。接下来，你会了解消费者的权利和义务。

作为消费者，你有哪些权利？

很多国家都通过立法等形式保护消费者的利益。

> **生活中的经济学**
>
> 如果对购买的东西不满意，你会怎么办？

要想成为一个聪明的消费者，你要了解法律上规定了消费者的哪些权利。消费者的权利有很多，下面是很多国家法律都规定的几条重要权利：

安全保障权

消费者有权要求经营者提供的商品和服务不损害其人身和财产安全。

选择权

消费者有权自主选择在哪里购买商品或者服务，有权自主决定购买或者不购买，有权进行货比三家。

知情权

消费者有权要求经营者提供商品的价格、产地、生产者、主要成分、生产日期、有效期限、检验合格证明、使用方法说明书和售后服务等有关情况。

公平交易权

消费者有权获得商品或服务的质量保障，要求商家价格合理、计量正确。

受尊重权及信息得到保护权

消费者在购买、使用商品和接受服务时，有权要求人格尊严和民族风俗习惯得到尊重，有权要求个人信息得到保护。

获得赔偿权

消费者因为购买、使用商品或者接受服务而受到人身、财产损害的，有权要求赔偿。

作为消费者,你有哪些义务?

消费者拥有权利的同时,也要承担一定的义务,只有这样才可以更加有效地解决消费中遇到的问题。

生活中的经济学

你在网上买了玩具,如果收到后发现有问题,你会怎么处理?

作为消费者,如果你对购买的产品不满意,可以向商家投诉,也可以向厂家投诉。此外,政府机构、民间组织和媒体也会帮助消费者解决买卖双方之间的分歧。

作为消费者,你除了拥有法律规定的权利,还会承担一些义务。如果你购买的商品或服务有问题,你的义务就是启动解决问题的流程。

假设有一天，你购买的商品或服务出现了问题，这时如果你有购物记录，并保留了收据或发票，更换产品或者退款的过程就会简单得多。你可以采取下面的措施，这也是你的义务。

消费者的义务

1. 如果发现产品有问题，应该尽快报给商家或厂家，不要试图自己修理，以免保修责任失效。
2. 说明问题并提出公平公正的解决方案，比如换货或者退款。
3. 提供重要的产品细节和收据、发票、保修卡及合同。
4. 准确记录你为了解决这个问题都采取了哪些措施。
5. 准确记录你为解决问题而进行沟通的人名和日期。
6. 给每个人留出合理的时间来解决问题，不行的话再去联系其他人。
7. 如果你需要以书面形式联系厂商，请直接使用信件或电子邮件，并做好备份。
8. 保持冷静。帮你解决问题的人往往不会是导致问题发生的人。

> **小知识**
>
> 现在流行网上购物，如果你有机会在网上购物，一定要从信誉良好、值得信赖的渠道购买。另外一定要记住，千万不要在企业发给你的链接中输入你或家人的个人信息和财务信息。

作为消费者，你也要尊重生产者和销售者的权益。例如，购买完成后不要因为一件商品在其他地方卖的价格更低就申请退货，而应当在购买前就研究好各种渠道的价格。另外，把被自己损坏的产品退还给商家也是不好的行为。

为什么商家都害怕差评?

你去餐厅就餐时,是否遇到过服务员或餐厅经理跟你说:"我们的服务您还满意吗?给个五星好评吧!赠送您一杯自制酸奶!"他们为什么这样做?是因为顾客的负面评价会对商家造成严重的影响。

你是否听说过下面这句话:那个对商店经理生气的顾客并不可怕,向朋友抱怨这家商店的顾客才真的可怕。一项研究表明,如果有人跟亲友分享自己在某家店的糟糕购物经历,那么将来避开这家店的人数会是最初不满意顾客数量的5倍。

研究发现,糟糕的购物经历在每一次讲述时都会被添油加醋,大约到第5次被讲述时,已经基本与事实不符了。像沃尔玛这种大型零售商的顾客平均每人会跟6个人分享他们的负面体验,是其他零售商的2倍到3倍。

想一想

为什么1个顾客的差评会带走5个顾客?

作为一个负责任的消费者,你如果在一家店的购物体验不佳,你会怎么办?

全球经济

一天你去找一位朋友共进午餐,你们选了快餐巨无霸汉堡,然后你们一起去看电影。去电影院的路上,你和朋友选择乘坐地铁。从你家到朋友家以及你们从电影院回家,都是爸爸开车接送的,假设总共耗油2升。查看以下价格表,计算你在世界上不同城市的一天花费(以下为估算的数据,并非标准价格,已折合为人民币)。

加拿大　温哥华
地铁票价(单程)　￥14.75
快餐汉堡　　　　￥37.10
汽油/升　　　　￥10.17
电影票　　　　　￥50.00

英国　伦敦
地铁票价(单程)　￥18.00
快餐汉堡　　　　￥30.80
汽油/升　　　　￥14.96
电影票　　　　　￥90.00

美国　纽约
地铁票价(单程)　￥19.25
快餐汉堡　　　　￥37.10
汽油/升　　　　￥8.01
电影票　　　　　￥70.00

日本　东京
地铁票价(单程)　￥10.00
快餐汉堡　　　　￥23.80
汽油/升　　　　￥9.00
电影票　　　　　￥120.00

中国　北京
地铁票价（单程）　￥3.00
快餐汉堡　　　　　￥22.40
汽油/升　　　　　　￥8.60
电影票　　　　　　￥80.00

俄罗斯　莫斯科
地铁票价（单程）　￥6.00
快餐汉堡　　　　　￥16.10
汽油/升　　　　　　￥4.09
电影票　　　　　　￥30.00

澳大利亚　悉尼
地铁票价（单程）　￥19.62
快餐汉堡　　　　　￥32.90
汽油/升　　　　　　￥10.51
电影票　　　　　　￥93.00

印度　孟买
地铁票价（单程）　￥1.76
快餐汉堡　　　　　￥19.60
汽油/升　　　　　　￥9.45
电影票　　　　　　￥15.00

阿根廷　布宜诺斯艾利斯
地铁票价（单程）　￥1.39
快餐汉堡　　　　　￥28.00
汽油/升　　　　　　￥3.79
电影票　　　　　　￥30.00

全球思维

你在哪个城市花得最多？在哪个城市花得最少？

看一下印度孟买的价格，你认为这个城市里的大多数人出行是自己开车还是乘坐公共地铁？为什么？

哪种商品或服务的价格差别最大？想想这是为什么。

3
消费者有时需要借钱

- 钱不够花了怎么办?
- 我们可以从哪里借钱?
- 为什么有人借不到钱?

钱不够花了怎么办?

✳ 信用卡的时代 ✳

现在的年轻人,已经习惯了使用信用卡进行各种消费。无论是去超市购物,还是去饭店吃饭,甚至是买一杯咖啡,使用信用卡付款都是他们的首选方式。即使你看到的可能是手机扫码支付,事实上他们手机绑定的更多也是信用卡。

消费者使用信用卡支付,其实就是消费者向银行借了钱,这就形成了消费者的负债。既然是负债,消费者就有义务按期归还。如果不按期归还,银行可能会向消费者收取比较高的费用,也就是利息,而且还有可能影响消费者的信用记录。

虽然信用卡已经很普遍了,但是银行推销信用卡似乎比过去更积极了。因为在他们看来,信用卡仍然是一个很好的获客方式。除了信用卡消费,现在很多年轻人还有住房贷款,也可能会有汽车贷款,这些都是负债。

消费者会借钱买房买车，企业会借钱建设厂房、购置机器设备，政府会借钱修路、修桥。接下来，你会了解什么是借款，以及人们为什么要使用借款。

借款意味着什么？

借款的代价是借款人按借款金额支付的利息。

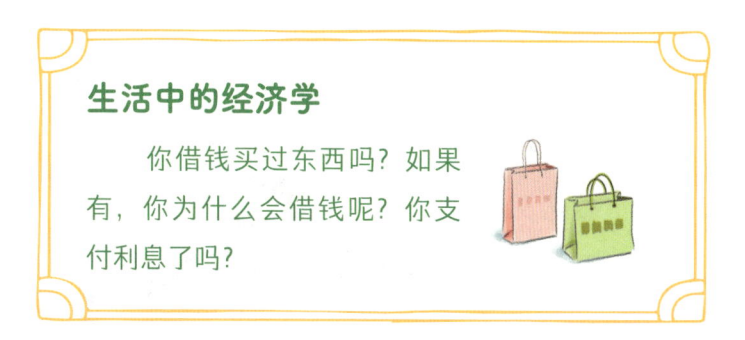

生活中的经济学

你借钱买过东西吗？如果有，你为什么会借钱呢？你支付利息了吗？

当你工作后，你可以向父母借款，也可以向朋友借款，还可以向银行借款。当你借了款后,你就有了负债,负债必须按约定归还。你的负债金额等于本金加利息,本金是你最初借的钱,利息是你因为使用别人的钱而必须支付的费用。

消费者为什么要借款?

消费者借款是为了现在多消费,也就是说,把未来的钱挪到现在来花。

> **生活中的经济学**
>
> 假设你想买一辆平衡车,可是你现在没有钱,你是想现在借款来买,还是等把钱存够了再买?为什么?

平衡车对你来说,应该算是"大件"商品了,就像住房、汽车对很多家庭来讲是"大件"商品。你会发现,很多家庭需要通过借款购买住房、汽车这些"大件"商品,因为这些商品的价格对大多数家庭

的收入来说是很贵的。另外，你会发现，住房、汽车这类商品都是生活必需品，很多人想尽早得到，不想等待。

事实上，如果你的钱还没有存够，也可以等存够了再买，这样就不用借款了，这也是一个选择。是否应该借款买平衡车呢？在做这个决定之前，你可以试着问自己下面这几个问题。

借款买东西前给自己的问题清单

1. 我真的需要这个商品吗？我可以将购买商品的时间延后吗？
2. 如果存够钱再买，我需要放弃什么？
3. 如果现在借钱买，我从提前购买的商品中多获得的满足感是否大于额外付出的代价？
4. 我在借款这件事上能进行货比三家吗？换句话说，我能寻找到条件最好的借款吗？比如利息最少。
5. 我将来能按约定归还借款吗？

回顾：问题清单中的第二项是指哪个经济学术语？

那么，借款买平衡车和存够钱再买平衡车到底有什么区别呢？如果现在借款买平衡车，你能提前享受到平衡车带给你的乐趣，但你需要额外支付为此借款的利息；如果存够钱再买平衡车，你就不用支付利息，但你放弃了存钱这段时间平衡车带给你的乐趣。

我们可以从哪里借钱？

✻ 消费者借钱越来越方便了 ✻

如果你想办信用卡，也符合办信用卡的条件，那么你的选择就多了。你可以选择一家或几家你喜欢的银行去办信用卡，你也可以选择你喜欢的信用卡样式。现在银行还推出了各种主题的联名信用卡，总有一款适合你。有了信用卡，你就可以先消费后还款了，很多年轻人会觉得这比付现金酷多了。

当你办了信用卡后，银行就会想方设法刺激你尽可能多地使用信用卡进行消费，比如，当你消费完后，会有积分发到你的账户，然后你可以用积分兑换各种礼品。不同的银行之间也会有竞争，每家银行都希望你使用他家的信用卡消费，比如，某个银行会和商店、超市等商家合作，如果使用他家的信用卡，商家会给你一定的优惠。

不过，始终不要忘记，用信用卡的消费是你的负债。既然是负债，就一定要按约定归还，否则后果很严重。

消费者需要借款的时候，可以找银行申请信用卡，也可以直接向银行申请借款。虽然得到的服务形式不太一样，但对消费者来说都是借款。

直接向银行借款

银行会付给存款人一定比例的利息，然后把钱借给需要的人，收取更高的利息。

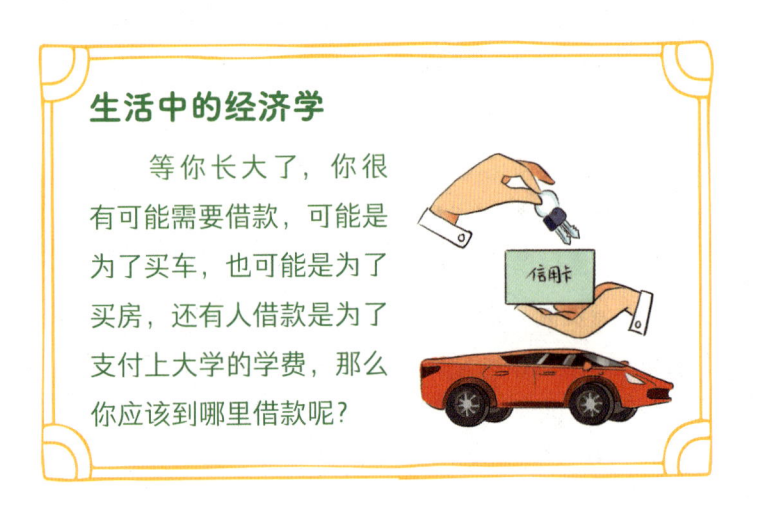

生活中的经济学

等你长大了，你很有可能需要借款，可能是为了买车，也可能是为了买房，还有人借款是为了支付上大学的学费，那么你应该到哪里借款呢？

当消费者需要向银行申请借款的时候，就像买东西一样，首先要货比三家，也就是收集银行的相关信息，比如每家银行对借款人的要求、借款条件、利率等。

那么，什么是利率呢？假设你把100元钱存到银行，你可能每年会收到2元的收益。也就是说，你的钱存到银行后

可以钱生钱，这多出来的 2 元叫作存款利息，这时候你的存款利率就是 2%。

银行会把自己收到的存款借给有需要的人，假设你从银行那里借了 100 元，你可能每年会付给银行 5 元的费用。也就是说，你从银行借钱是有代价的，这 5 元就是你的借款利息（一般叫作贷款利息），这时候你的借款利率（一般叫作贷款利率）就是 5%。

正常情况下，贷款利率会高于同期限的存款利率，因为银行自己也要赚钱才能生存。

使用信用卡消费

当消费者使用信用卡消费的时候，实际上就是从银行那里借款了。

> **生活中的经济学**
>
> 你见过信用卡吗？你的家人有信用卡吗？或者他们曾经用信用卡消费过吗？

当你有了信用卡后，每次消费的时候都可以直接刷卡支付，不需要每次都向银行申请，非常方便。但一般情况下，银行会根据你的还款能力，给你的信用卡设定一个额度上限，每笔消费或者一段时间内的消费总金额不能超过这个上限。

现在，你可以使用信用卡在大部分的商场、饭店、酒店等场所消费。除此之外，你还可以从信用卡提出一定额度的现金，这同样也是你的借款，需要按约定归还。

小知识

有一种和信用卡外形几乎一样的卡，也就是借记卡。你也可以使用借记卡进行刷卡消费，但前提是你的账户里必须有钱。换句话说，借记卡账户里的钱是你自己的，并不是银行借给你的。

你通过信用卡支付的金额需要按照约定归还，一般在某个时间点以前归还不需要支付任何利息，超过这个时间点归还就需要支付利息了。下面是某张信用卡 8 月 31 日显示的主要信息：

★ 信用额度：50000 元（该信用卡最高可以消费 50000 元）

★ 可用额度：28000 元（该信用卡目前还可以消费 28000 元，说明还有 22000 元未归还）

★ 账单日：8 月 15 日

★ 还款日：9 月 3 日

（7 月 16 日到 8 月 15 日的消费金额在 9 月 3 日或之前归还，不需要支付利息）

为什么有人借不到钱？

✳ 银行可以查询你的征信报告 ✳

如果你向银行提交了借款申请，银行会要求你给他们一个查询个人征信报告的授权。当你签署这个授权后，银行就可以合情合理地查询你的征信报告了，这里面有太多关于你的信息。

首先是你的个人信息，基本上你能想到的个人信息都会出现在里面，比如你的居住信息、家庭信息、工作信息等等。接下来就是你的借款历史，比如你借过几笔款，每笔金额多少，从哪家银行借的，还剩多少没有还，什么时候到期，是否有过违约，等等。当然也会包含你的信用卡情况，比如你有几张信用卡，每张卡的额度是多少，是否有过违约，等等。

除此之外，征信报告里还会显示你是否欠了电话费，是否欠了水电费，是否欠了税，等等。

银行会综合评估你的征信报告以及

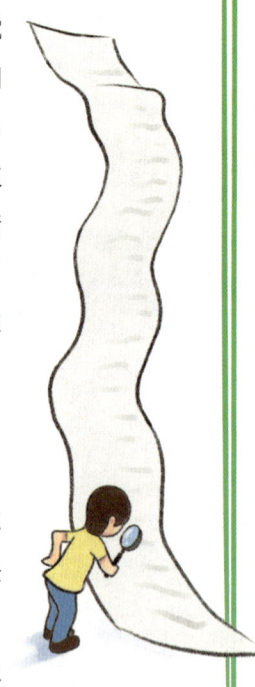

你目前的收入情况，计算出你可以借款的金额。如果你有过违约，也就是到期未归还借款或者未还清信用卡的情况，你再申请借款就很难了。

怎么向银行申请借款呢？银行根据什么决定是否批准你的借款呢？

不要消耗你的信用

银行会评估借款人的借款历史，以此来确定借款人的信用情况。

生活中的经济学

如果一个朋友跟你借钱，你愿意借给他吗？

如果有人要借款，需要先填写借款申请。然后银行会调查借款人的信用。银行会重点调查借款人的收入，目前的负债余额，以及过去的还款情况。

信用评级
收入：0
欠款：￥1000
工作：无

一个人的借款历史非常重要，因此是银行重点关注的方面。如果借款人有过延迟还款的情况或者负债总额很高，银行在审批的时候会非常谨慎。除此之外，银行也会关注借款人的收入情况，如果借款人的收入比较低，或者正处于失业中，那么借款申请就很难被批准。

借款人有哪些义务？

要想比较轻松地获得借款，保持良好的信用记录很重要。

生活中的经济学

你是否有过这样的经历：跟朋友或父母借钱但没有归还？有什么后果吗？

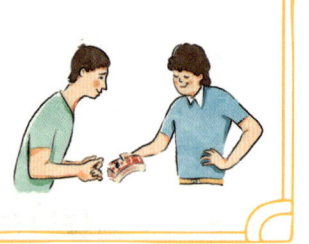

作为借款人，第一项义务是按时归还借款。如果借款人不按时归还借款，信用记录会受到负面的影响，下次再借款的时候就会遇到困难。

如果你通过信用卡消费，那么你作为借款人还有一项义务，那就是要把所有的付款都记录完整。如果你的信用卡丢失或者被盗，你必须立刻通知发卡银行。

年轻人要学会控制信用卡消费

现在的很多年轻人习惯了使用信用卡消费，这种支付方式不同于现金支付，并不会让消费者感觉到自己的钱减少了。再加上银行和商家的联合促销，进一步促进了消费，而且还让消费者觉得捡到了便宜。即使是每月还款的时候发现自己的钱减少了，也只是担忧那么一下下，下个月的时候还是该花花，该刷刷。如果自控能力不是特别强，一个人的开销很可能会失去控制，等意识到的时候，累积的负债有可能已经超出了自己的还款能力。

对很多人来说，信用卡负债似乎是个无底洞。当你的额度用完的时候，银行会鼓励你启用临时额度；当你某个月还款压力比较大的时候，银行会鼓励你分期还款。除此之外，你自己还可以使用下面的策略减轻负担：

★ 评估自己的负债情况。列出你所有的负债余额，包含直接跟银行借的款，也包括信用卡。

★ 和银行协商。银行可能比你想象的更灵活，所以你可以跟银行解释清楚你的还款能力，看能不能协商修改一下还款计划。

★ 先归还昂贵的借款。在某一段时间集中你的资金，先还清利率最高的那笔借款。

★ 更努力地工作。增加收入的同时，还有一条神奇的秘诀，那就是接下来尽量少花一点。

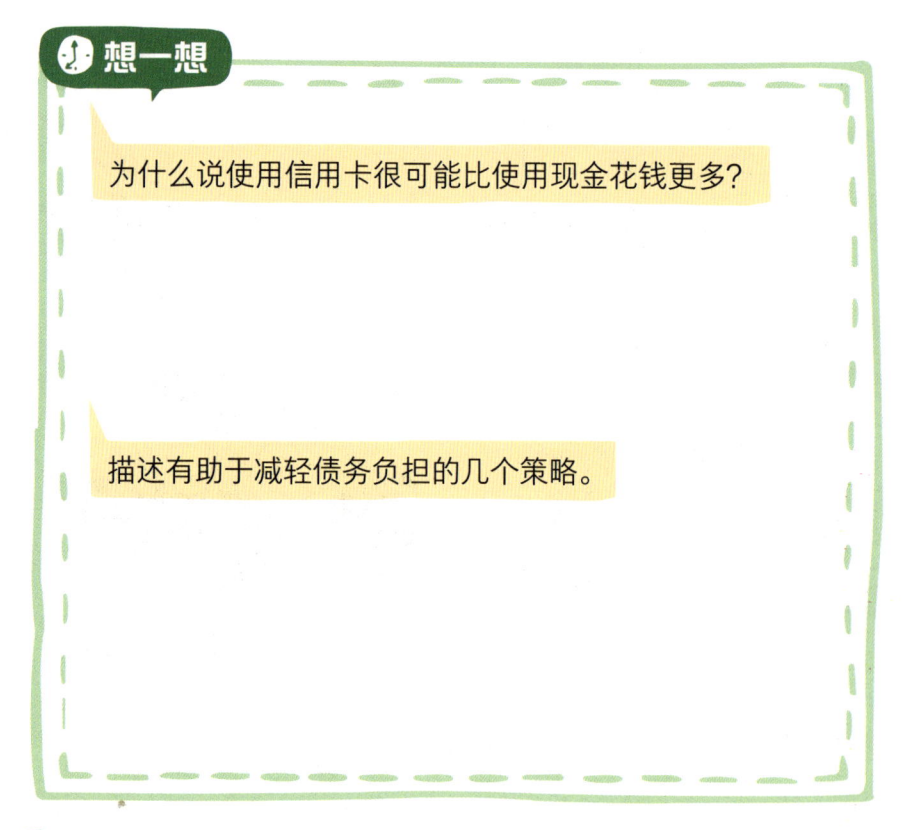

想一想

为什么说使用信用卡很可能比使用现金花钱更多？

描述有助于减轻债务负担的几个策略。

戴夫·拉姆齐

企业家、信贷顾问（1960— ）
电台脱口秀节目"拉姆齐秀"的主持人
著有畅销书《金融和平》和《财务大改造》
"金融和平大学"（一个帮助人们走出债务困境的项目）创始人

戴夫·拉姆齐（Dave Ramsey）说他用一种不同寻常的方式来看这个世界："我妻子说我很古怪，说实话我确实很古怪。但这是有原因的，我白手起家，到 26 岁的时候我的净资产达到了一百多万美元。"

然后，拉姆齐失去了所有的财富。原因是他借了几百万美元，当借款到期时，他却没办法归还。

经过大量的研究和自省，拉姆齐终于意识到，要想管理好财富，必须先管理好自己。他还意识到，还有数百万的美国人处在同样的困境中："美国已经变成了一个消费国，而不是一个生产国。我们被宠坏了，现在没有人愿意等待，没有人愿意存钱买东西。银行总是鼓励我们用信用卡买买买，其实很多时候超过了我们的支付能力。"

1988 年，拉姆齐成立了一个消费者咨询服务公司，帮助那些有财务压力的人，他通过广播、出版和研讨会来影响消费者们。

他说：

> **❝** 我们每月要做书面计划,也就是做预算。加加减减并不难,你很容易理解。如果你一直花的比挣的多,你一定会债台高筑,这辈子终会破产。**❞**

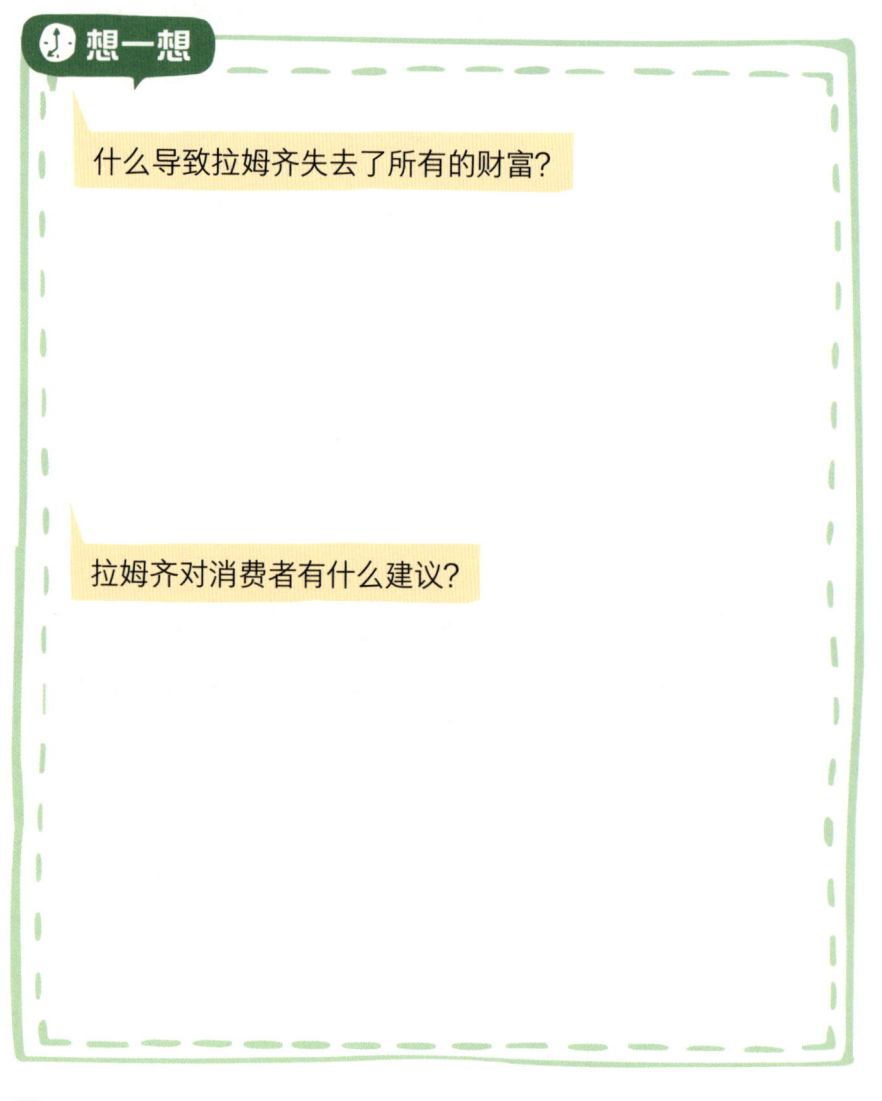

🕐 想一想

什么导致拉姆齐失去了所有的财富?

拉姆齐对消费者有什么建议?

4

消费者要学会理财

- 当我们有了多余的钱时
- 投资是一种赚钱的方式
- 理财时也要进行权衡取舍

当我们有了多余的钱时

✹ **存钱的重要性** ✹

从小一定要学会存钱!你的父母有没有这样说过?

也许你会说,以后我还会赚钱,现在为什么要存钱?可能很多人会有这样的疑问。没错,花钱比存钱更容易,所以大家都更喜欢花钱。但是,存钱真的很有必要。如果你想要一个"大件"商品,比如一辆平衡车,可是你的钱不够,那么你可以从现在开始存钱,然后等待买得起平衡车的那一天。

如果你有一个梦想,比如去维也纳听一场音乐会,可是你还付不起高额的交通费,那么你抓紧存钱吧,你的梦想会离你越来越近。存钱可以帮助我们实现自己的目标和梦想,也可以给我们更多选择的机会。

你开始存钱了吗?有人存钱是为了买新款游戏机,有人存钱是为了读大学。如果你只能存一小笔钱,也不要灰心,因为存一点总比不存好。

为什么要存钱?

存钱,也就是储蓄,意思是把钱存起来,留着以后使用。

生活中的经济学

你是否遇到过这种情况:想要一件东西却买不起。你会为此而存钱吗?

经济学家对储蓄的定义是:把暂时不用的钱存入银行等机构。你现在储蓄可能只是为了购买更贵的东西。当你长大后,你会有更多的责任,你可能会为其他原因而储蓄。

当你储蓄时,不光自己会受益,整个社会的经济也会受益。你存到银行的钱,有需要的人可以借走用于消费,有需要的企业可以借走用于扩大规模。

在生活中,人们说到储蓄时,往往想到的是把钱存入银行,并获得一定金额的利息。比如,你把100元存入银行,1年后你可能取出102元。存入的100元叫本金,多出的2元就是利息,利息和本金的比率叫利率,这里的利率是2%。

应该把钱存到哪家银行呢?应该存入哪个账户呢?关于储蓄,你有很多种选择,需要进行权衡取舍。如果存入活期账户,你可以随时提取和使用资金,但利率会比较低;如果存入定期账户,你只能过了约定期限再提取和使用,但利率会比较高。

存钱是挺难的，但是如果你制订一个计划，并且坚持下去，你很快就能拥有自己的"小金库"。想清楚下面的问题，你就能走上储蓄之路。

★ 我为什么要储蓄？
★ 我要储蓄多少钱？
★ 我要存到哪个账户？
★ 我要多长时间存一次？
★ 我什么时候会取出来？

和父母讨论一下，如果你有 2000 元可以存起来，而且你长期不需要这笔钱，你应该存到什么账户？

可以选择哪些储蓄方式？

活期存款和定期存款都有各自的特点，你可以根据自己的实际需要进行选择。

生活中的经济学

你有银行存款吗？如果有，是活期存款还是定期存款呢？

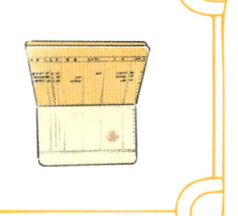

什么是活期存款？

如果你没办法预计用钱的具体时间，那么你可以选择活期存款。你把钱存到了活期账户，可以随时提取，也可以随时刷卡支付，非常灵活方便，但活期存款的利率比较低。

什么是定期存款？

如果你预计一段时间之后才会用钱，那么你可以选择定期存款。期限可以是几个月，也可以是几年，这段期限的结束日叫到期日，在到期日之前不可以提取或使用。

和活期存款相比，定期存款的利率更高。定期存款的期限越长，利率越高。1年期的利率高于6个月期，2年期的利率高于1年期，这里的利率指的都是年利率，也就是假设存1年获得收益的比率。

例如，某银行活期存款利率为0.35%，6个月定期存款利率为1.3%，1年期定期存款利率为1.5%，2年期定期存款利率为2.1%。

★ 如果你把100元存活期，一年后你得到的本息和约为100.35元（100+100×0.35%）；

★ 如果你把100元存6个月定期，到期后你得到的本息和为100.65元（100+100×1.3%÷2）；

★ 如果你把100元存1年定期，到期后你得到的本息和为101.50元（100+100×1.5%）；

★ 如果你把100元存2年定期，到期后你得到的本息和为104.2元（100+100×2.1%×2）。

投资是一种赚钱的方式

✳ 投资需要超前思维 ✳

一百多年前,美国企业家阿萨·坎德勒(可口可乐创始人)花了 2300 美元购买了一种名为"可口可乐"的棕色饮料配方。现在,可口可乐已经成为全球知名的饮料品牌。

1961 年,雷·克罗克花了 270 万美元买下了一个叫"麦当劳"的汉堡店。截至 2023 年底,麦当劳在全世界的连锁店已经超过了 4 万家,公司的年收入超过 200 亿美元。

1995 年,马尔科姆·格雷泽花了 1.92 亿美元买下了成绩糟糕、经营困难的坦帕湾海盗队(一个美国橄榄球队),当时还遭到了嘲笑。到 2022 年,这支球队的价值已经达到了 36.8 亿美元。

无论是可口可乐、麦当劳,还是坦帕湾海盗队,都是成功的投资,投资人因超前思维而赚得盆满钵满。

如果消费者想用一部分钱赚取比银行存款更高的回报,那么可以购买股票、债券或基金,这些都是金融产品。消费者购买金融产品也叫投资,这时候的消费者就是投资者。接下来,你会了解股票、债券和基金。

什么是股票?

股票的投资者也叫股东,相当于企业的老板。

> **生活中的经济学**
>
> 你是愿意把赚的钱存起来,还是愿意冒险赚更多的钱?

如果企业要扩大规模,可能需要投入一些钱来建设厂房、购置机器设备。如果企业自己的钱不够,可以找银行借款,也可以发行股票。

购买股票的人把钱投入了企业,成了企业的股东,可以分享企业未来的利润。股东投入企业的钱不需要归还。

股票的投资者有两种方式可以从中赚钱。

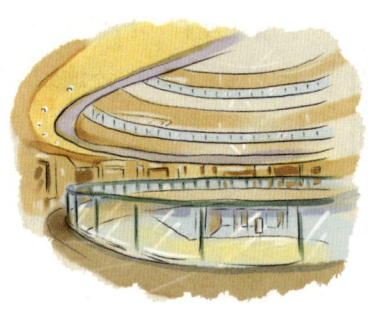

如果发行股票的企业赚钱了,一般会在下一年给股东们分红,每个股东会根据自己的持股比例收到红利,这是一种

赚钱方式，也就是来自分红的收益。不过发行股票的企业不一定总是赚钱，所以不一定每年都能分红。

股票的价格是波动的，如果股票价格高于购买时的价格，投资者可以把股票卖掉，这也是一种赚钱方式，卖价与买价的差就是投资者赚的钱，也就是资本收益。不过股票的价格有涨有跌，可能赚钱也可能亏损。

假设王先生以每股20元的价格买入100股股票，第二年发行股票的企业宣布进行分红，每股分红2元，第二年年底王先生以每股30元的价格把股票全部卖出。那么，王先生的分红收益为200元（2×100=200），资本收益为1000元〔（30-20）×100=1000〕。

什么是债券？

债券的投资者也叫债权人，实际上是把钱借给了企业。

> **生活中的经济学**
>
> 如果有多余的钱，除了可以投资股票，还可以投资什么？

如果企业需要钱，除了可以找银行借款，发行股票，还可以发行债券。

购买债券的人把钱借给了企业，成了企业的债权人。债券的持有人会在持有债券的这段时间赚取一定的利息，并在这段时间结束时，收回全部的本金。

假设A企业发行的债券面值为100元，利率3%，期限为5年。王先生以每张100元的价格购买了200张，准备持有至到期。那么王先生每年获得利息收入600元（100×3%×200=600），5年到期后王先生共获得利息收入3000元（600×5=3000）。

什么是基金？

很多投资者觉得在成千上万只股票或债券中做出选择并不是一件容易的事，这时候可以考虑基金。

生活中的经济学

你听说过基金吗？问问父母是否购买了基金。

选择股票和债券要比选择蔬菜和牛奶难得多，这是一个专业性很强的工作，所以很多人并不适合自己直接购买股票和债券。有一类机构叫作基金公司，基金公司聚集了大量的专业人才，他们每天的工作就是研究经济、政策、行业和企业的现状和趋势，时刻关注股票和债券价格的波动。他们把很多投资者的钱集中起来，设立一个个基金，每个基金有不同的侧重点，但都是各种各样股票和债券的组合。购买基金比购买股票和债券更省心。

莉莉娅·克莱门特

（1941—　）
克莱门特资本创始人、董事长、首席执行官

　　莉莉娅·克莱门特（Lilia Clemente）28 岁成为福特基金会第一位女性投资经理和最年轻的管理层，被称为"华尔街的女魔头"。1976 年，她用 25000 美元的积蓄，创办了自己的金融咨询公司。

　　克莱门特出生在菲律宾，她的父亲是一位律师，曾参与起草菲律宾新宪法，她的母亲是心理学教授、省长，也是第一位在马尼拉证券交易所拥有席位的女性。

　　她说："我的母亲是我真正的榜样。我认为女人从政经商是天经地义的事情。"

　　克莱门特以母亲为榜样，在菲律宾大学读书期间，积极参与学校各项活动，并获得了企业管理学士学位。后来她又在芝加哥大学获得了农业经济学和国际贸易硕士学位，她就读的专业有 400 名学生，但仅有 7 名女生，克莱门特就是其中之一，她说：

> 在金融这个以男性为主导的世界里，你必须把自己想象成一个非常特别的人。每个人都有自己的优点和缺点，你要能把消极变为积极。

克莱门特对亚洲的深入了解对她的事业起了很大的帮助。她很早就意识到，中国等亚洲国家将发展成为重要的经济体。她预言成功了！

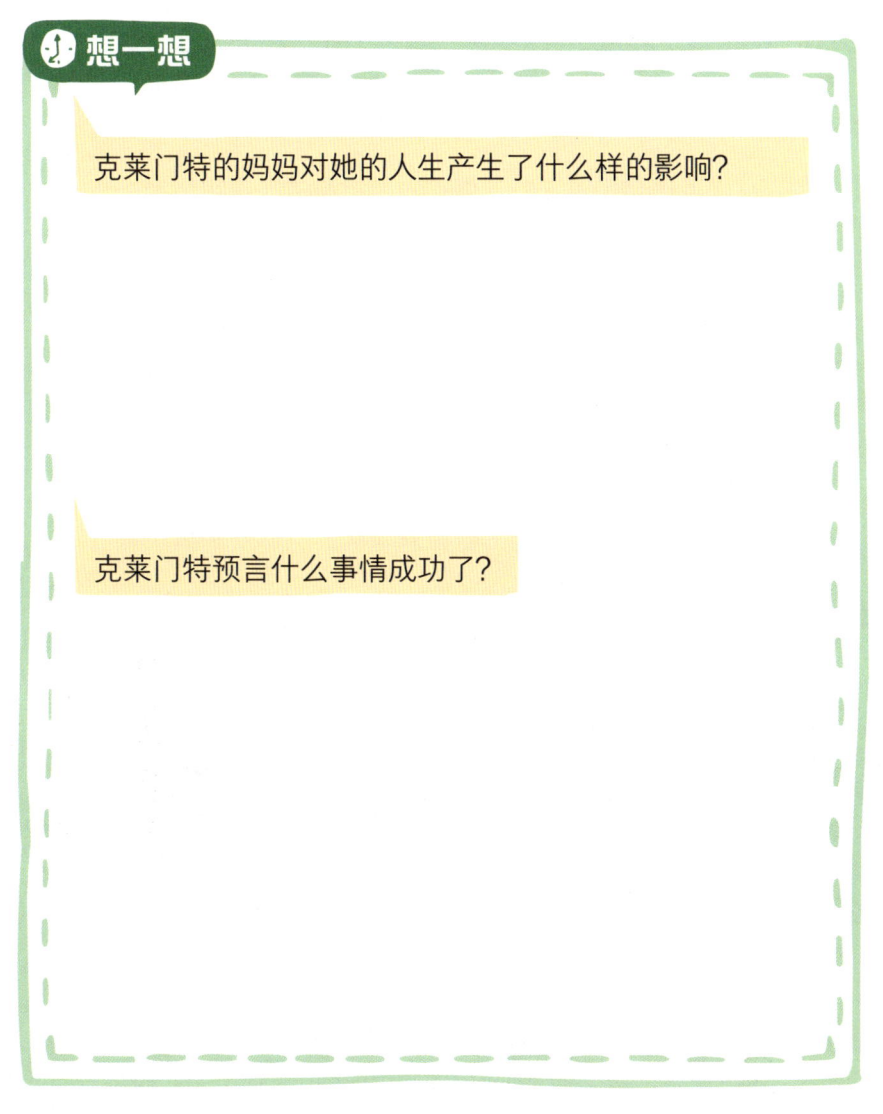

想一想

克莱门特的妈妈对她的人生产生了什么样的影响？

克莱门特预言什么事情成功了？

理财时也要进行权衡取舍

你的收入都会去哪里

当你有了收入时，你首先要按照法律规定缴纳社会保险费，然后按照税法规定缴纳个人所得税。交完社会保险费和个人所得税后的收入是你的可支配收入。

你的可支配收入可用于各种消费，但要优先选择生活必需品的消费，剩余的钱才是你的可自由支配收入。用多少钱继续消费，拿多少钱去储蓄，拿多少钱去投资，你需要在这几个方面进行权衡取舍。这貌似是很难的决策，但每个人都要面对，所以尽早理解其中的奥秘是有必要的。

人生的每个阶段都面临着权衡取舍，甚至每天都面临着权衡取舍。关于消费、储蓄和投资的权衡取舍会一直伴随着你。

每个人都会在消费、储蓄和投资之间做选择：消费多一点，储蓄和投资就会少一点；储蓄多一点，消费和投资就会

少一点；投资多一点，消费和储蓄就会少一点。接下来，你会了解理财中的权衡取舍。

理财就是如何分配你的钱

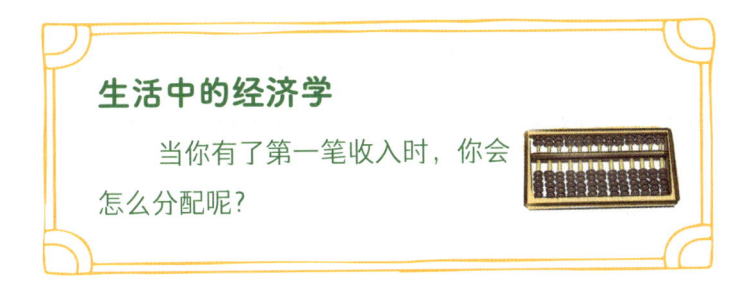

生活中的经济学

当你有了第一笔收入时，你会怎么分配呢？

简单来讲，理财就是如何分配你的钱。在这个过程中你要进行权衡取舍，并做出适合你自己的聪明的选择。

如果你觉得今天多花点钱会让你更享受，那么你就只能少存一些钱，少买点股票和债券。换句话说，你放弃了以后花更多钱的机会。

如果你想未来某一天购买一个大件商品，那么你需要存一些钱，或者再拿出一部分钱来投资，当然你要放弃一部分近期的消费。至于存多少，投资多少，要看你自己的选择。如果你想稳妥点，那就多存一些；如果你更喜欢冒险，那你就多投资一些。总之，你要考虑好，如果最坏的结果出现，你能不能承受。

对大多数人来说，在满足基本的生活需要之后，剩余的钱更多用来储蓄，较少用来投资，可能是一个比较安全的理财方式。

当你有了收入时，你应该定期评估收入中多少用于消费，多少用于储蓄，多少用于投资。

我应该存多少钱？

当你在做理财决策时，你可以问自己下面这些问题：

1. 我每月的固定支出是多少？
2. 我为什么要储蓄？
3. 储蓄每月能为我带来多少收益？我的储蓄金额每月会增长多少？
4. 我将来一个月能赚多少钱？
5. 我能承担多大风险？
6. 我急需用钱时，我的储蓄能马上变现吗？
7. 我的信用卡上每月会有多少欠款？

经济学家经常告诉我们要分散投资，也就是说，不要把所有鸡蛋都放到一个篮子里。所谓分散投资，就是把你的钱分配到不同行业、不同企业甚至是不同市场的产品中，活期存款、定期存款、股票、债券、基金等等，具体每个产品投资多少比例，要看自己对收益的期望，也要看自己对待风险的态度和承受风险的能力。

分散投资的好处在于，如果一笔投资出现问题，其他投资可能收益更好。如果你的收入很少，不能承担任何投资损失，你可以把更多的钱存在银行；如果你的收入很高，那么你可以选择的投资方式就会比较多。

是否应该禁止信用卡进校园？

想想看：当你 30 岁的时候，却还在为大学时买的一个手机还款。这听起来有点疯狂，但对很多人来说，学生时代积累的信用卡负债真的会伴随他们很多年。如果禁止银行向大学生推销信用卡，这个问题能解决吗？

正方

应该禁止。

银行会想方设法占学生们的便宜。

当学生们抵达全国各地的大学校园时，他们很可能会面对很多信用卡宣传。下面这个学生的故事就很能说明问题：这位学生一开始居然不知道自己申请了信用卡，当他填写一张小卡片来换取一件免费 T 恤时，他还以为自己只是在参与一个抽奖活动，他甚至不知道银行是干什么的，他以为信用卡是类似于某个商店的会员卡。当收到信用卡的时候，他还以为自己中奖了。接着，他开始使用信用卡进行消费，他觉得这样买东西太轻松、太方便了。而当他收到信用卡账单的时候，上面的还款金额让他吃惊了一下。

但这个学生并没有太在意，因为他并不知道账单意味着什么。几个月后，加上利息、手续费和罚款，这个学生欠了一大笔债。当他与银行讨论这个问题时，银行建议他找父母帮忙。事实上，当学生在申请信用卡时，银行就应该建议他们征求父母的意见，但银行没有这样做。综上，我认为应该禁止信用卡进校园！

反方

不应该禁止。

信用卡是学生应该学会使用的工具。

每年有许多大学毕业生走向社会，但是他们很少有信用管理和理财的基本概念，甚至还缺乏基本的经济学常识。整个社会都在大喊信用卡和负债有问题，却很少有人去寻找解决这个现实问题的方法。

如果真的要关注学生的理财问题，学校应该开展这方面的教育，比如向专业机构或课后服务平台采购经济、金融或理财相关的课程，使学生们学会如何在生活中做选择，如何成为聪明的消费者，这将让学生们受益终生。银行也可以贡献一份力量，他们可以组织金融专家进校园对学生们进行金融知识的普及，帮助学生更好地管理自己的金钱。

想一想

银行会采用哪些方式让大学生申请办信用卡?

正反方在"是否应该禁止信用卡进校园"的问题上意见不一。你认同哪方的观点?为什么?

5

需求和供给共同决定了价格

- 买方和卖方都会受价格的影响
- 需求曲线体现了需求量和价格的反向变化
- 供给曲线体现了供给量和价格的正向变化
- 供求平衡为什么很难实现？

买方和卖方都会受价格的影响

✳ 新款运动鞋为什么畅销？ ✳

只要一有新品上市，就会有好多年轻人在专卖店门口排队；新款发布会只会在周末举办，不然孩子们为了来参加发布会可能会逃学；只要新款一上架，几个小时内就会被一抢而光。这么大的需求量，是某个明星的巡演门票还是新款手机呢？都不是！我们说的是某款运动鞋。

如何让一款运动鞋的热度保持40年？公司会通过发布限量版等手段来创造需求，即使没有铺天盖地的广告宣传，也能让消费者产生购买欲望。

公司平均每2到3个月就会发布经过微调的最新款运动鞋，而限量版的运动鞋可能全国只生产5000双。

需求和供给是经济学中一对非常重要的概念。就像前面案例提到的，很多年轻人都想要拥有一双新款运动鞋，需求量很大，但因为供给量很小，所以并不是每个想拥有的人都

能得到它。接下来你会了解，什么情况下会产生需求，什么情况下会产生供给。

需求方和供给方

在市场中，买家和卖家共同决定商品或服务的价格。

生活中的经济学

你是否在跳蚤市场卖过东西？你是怎么定价的？

你在买东西时有没有想过，为什么这个东西卖这个价格，而不是其他的价格呢？经济学家认为，单个消费者对某个商品的价格不会产生影响，只有整个消费者群体才会对价格产生影响。也许你现在还不能理解这一点，没关系，让我们先来看看什么是需求，什么是供给。

当你对某个商品既有购买意愿又有购买能力的时候，就说明你对这个商品有需求，你就是这个商品的需求方。你可能很想把一辆豪华跑车买下来，可是作为一个学生，你只是有购买意愿，并没有购买能力，所以你不是豪华跑车的需求方，但你很可能是跑车模型的需求方。

当你对某个商品既有出售意愿又有供给能力的时候，你就能供给这个商品，你就是这个商品的供给方。你可能很想生产出小朋友最爱的一款糖果，然后卖给他们，可是作为一个学生，这只是你的意愿，你很可能没有生产糖果的能力，所以你不是这款糖果的供给方。

那么，什么是市场呢？当你听到"市场"这个词时，你可能会想到超市、菜市场或者商场。事实上，买家和卖家聚在一起的任何地方都可以称为"市场"。商品和服务的需求方在市场中可以自由地选择是否购买，供给方在市场中也可以自由地选择是否出售。

市场中的经济活动都要遵循自愿交换的原则。例如，薯片企业会根据对薯片市场的调查和了解来制定薯片的价格，如果你购买了这个品牌的薯片，就说明你认可这个商品，也认可它的价格。买家和卖家都相信，购买和出售这个商品对他们双方都是有利的，这样才能完成交换。也就是说，自愿的交换会使双方都受益。

价格如何影响需求量?

需求原理认为,价格上涨,需求量下降。反之亦然。

生活中的经济学

在跳蚤市场,如果很多人来买你的东西,你会提高价格吗?如果没有人来买,你该怎么办呢?

作为经济学名词,"需求"代表了消费者愿意并且有能力以一个价格购买商品或服务的数量。你可能想要一个新的电话手表,但是只有你既愿意又有能力买下它时,才能说你对电话手表有需求。

需求原理解释了消费者对商品或服务的需求量随价格的变化而变化。例如:如果电话手表的价格是500元,许多人都会买;如果价格上涨到800元,购买的人数会减少;如果价格上涨到1000元,就只有少数人才会购买了。从这个例子可以看出,需求量和价格之间存在反向变化的关系。也就是说,如果价格上涨,需求量就会下降;如果价格下跌,需求量就会上升。

什么是需求的实际收入效应？

即使是世界上最富有的人,也不可能买到他想要的一切。人们的收入限制了他们的消费,如果一个商品的价格上涨,即使人们的收入都保持不变,人们购买这个商品的数量也会减少。原因是商品的价格上涨导致人们的实际收入减少了,要注意,这里的"实际收入"不是人们拿到手的钱数,而是到手的钱的购买力。这就是需求的实际收入效应,它使得消费者需要做出权衡取舍。

假设正常情况下你们全家每年旅游3次,每次花费1万元。物价上涨后,你们去旅游1次要花2万元,而你家的收入没有发生变化,那你就要考虑是否还要每年出去旅游3次了,因为你家的实际收入,或者说购买力,下降了。如果你家仍然每年出去旅游3次,那么其他东西的消费就要相应减少;如果其他东西的消费不能减少,那就只能减少旅游的次数。你这时候就要进行权衡取舍。

反之，实际收入效应同样有效。如果景点门票的价格急剧下降，那么你家的实际收入就增加了，也就是钱的购买力更强了，这时候可以把在旅游上节省的钱花在其他想买的东西上。

什么是需求的替代效应？

如果两种不同的商品能满足的需求基本相同，比如苹果和梨，价格也大致相同，那么这两种商品就是可以互相替代的。

如果苹果涨价了，而梨的价格不变，那么相对苹果而言，梨的价格下降了，消费者就会用梨来代替苹果，从而减少对苹果的需求。这就叫需求的"替代效应"。替代效应使价格上涨的商品需求量减少，因而替代效应总是为负。

什么是边际效用递减规律？

你喜欢的动画片会给你带来满足感，你爱吃的巧克力会给你带来满足感，你正在学的经济学会给你带来满足感。经

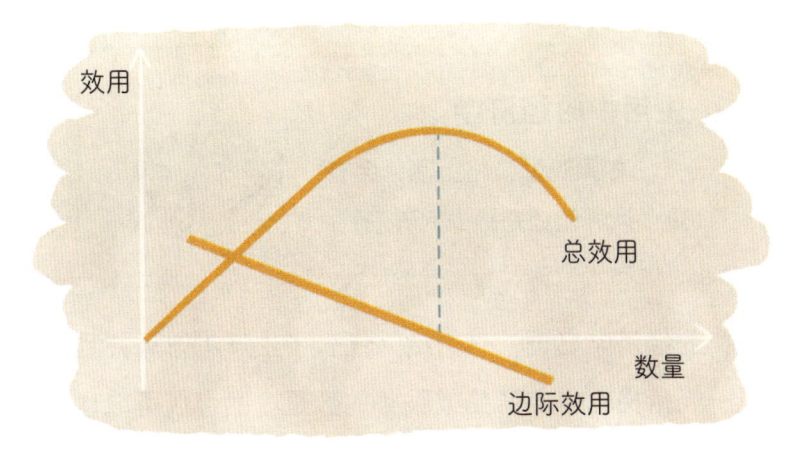

济学家用"效用"来表示消费者获得的满足感。消费者会根据效用来决定买什么、买多少。

想象一下，烈日炎炎，你刚刚打完篮球，球场外正在卖冰镇饮料，你会买几杯？喝完第 1 杯冰镇饮料的时候，你的满足感会增加不少；喝完第 2 杯的时候，你的满足感还是增加了一些；喝完第 3 杯的时候，你的满足感好像没什么变化；这时候你应该能预料到喝完第 4 杯后，可能会很不舒服，你的满足感开始减少，理性的你可能不会再喝第 4 杯了。每喝完一杯饮料增加的满足感就是你的边际效用，你会发现，边际效用是逐渐减少的，最后为零，甚至为负，这就是边际效用递减规律。

价格如何影响供给量？

供给原理认为，价格上涨，供给量增加。反之亦然。

生活中的经济学

如果鸡蛋价格上涨，会有更多人养鸡还是更少人养鸡？

作为经济学名词，"供给"代表了生产者愿意并且有能力以一个价格出售的商品或服务的数量。面包店可能也想生

产出小朋友们喜爱的电话手表，但是面包店没有生产电话手表的能力，所以面包店没办法供给电话手表。

前面提及，需求量和价格呈反向变化的关系。在这里，供给量和价格呈正向变化的关系。这意味着，价格上涨时，供给量也会增加；价格下降时，供给量也会减少。当某款电话手表的价格上涨时，厂家就会多生产这款电话手表，这样就能赚更多的钱；当某款电话手表的价格下降时，厂家就会少生产这款电话手表，把多出来的资源用于生产其他产品。也就是说，厂家（企业、生产者）做生产决策的时候会考虑是否能赚更多的钱，利润越高，他们就越有动力生产更多的产品，这是供给原理的基础。

需求曲线体现了需求量和价格的反向变化

✳ 为何海底捞总是供不应求？ ✳

海底捞是一家中国的火锅连锁店品牌，等待吃火锅的顾客经常排起长队，高峰时段甚至要等待两个多小时才能吃上。几乎每个店的需求都大于供给，让消费者觉得海底捞是那么稀缺，吃上一顿海底捞是那么不容易，所以消费者都会心甘情愿地买单。事实上，海底捞火锅的价格并不便宜。

现在海底捞在中国开了1000多家店，而且还在日本、新加坡、美国、澳大利亚等国开了100多家店，几乎每家店看起来都是供不应求。

海底捞每开一家店都会经过严格的市场调研，不会盲目地扩张。无论是实际的供不应求，还是看起来的供不应求，都可以让数据来说话：2023年上半年海底捞的净利润达到22.58亿元。

需求量和价格呈反向变化的关系。除此之外，需求还受消费者收入、消费者偏好、替代品等多种因素的影响。

如何直观地表示需求量和价格的关系？

需求表和需求曲线都是表示商品需求量和价格关系的直观方法。

> **生活中的经济学**
>
> 假设现在电影票价格是60元，你每个月看4次电影。如果票价突然上涨到80元，你每个月会看几次电影？如果票价降至30元呢？

经济学家如何用直观的方式表示需求量和价格之间的关系呢？俗话说，一图胜千言。

需求原理告诉我们，需求量和价格呈反向变化的关系。如果价格上涨，需求量下降；如果价格下跌，需求量上升。下面的表格和坐标图都直观地展示了这种关系，只是形式不同。

需求表中的数字显示,随着电话手表价格下降,需求量上升。

电话手表的需求表

价格(元/个)	需求量(万个)	坐标图中的数据点
1000	100	A
900	150	B
800	200	C
700	250	D
600	300	E
500	350	F

把表格中每组数据对应的点标在下面的坐标图中。横轴(水平轴)代表需求量,纵轴(垂直轴)代表价格。每个点都代表需求量和价格的一组数据,比如 A 点代表价格为 1000 元时,需求量为 100 万。

连接 A、B、C、D、E、F 点就能得到电话手表的需求曲线。相对于需求表,需求曲线更直观地体现了每个价格对应的商品或服务的需求量。从图中可以看出,需求曲线向右下方倾斜(左高右低),清楚地显示了需求量和价格之间的反向变化关系。也就是说,随着价格下降,需求量上升,反之亦然。

电话手表的需求曲线

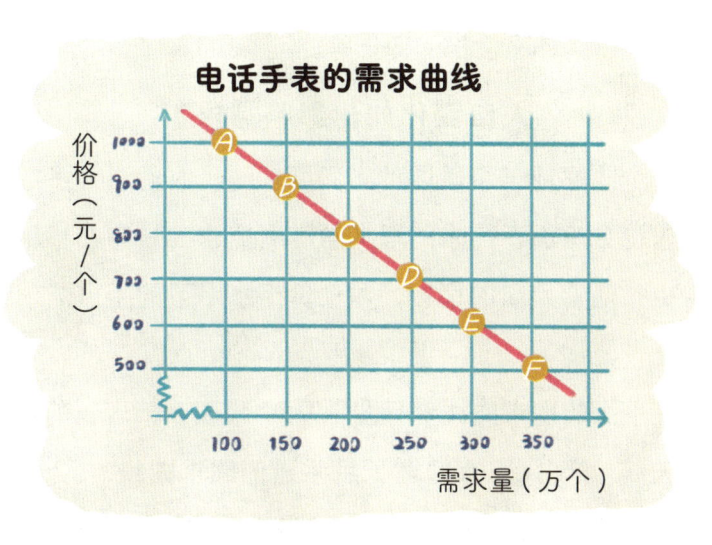

价格（元/个）: 1000, 900, 800, 700, 600, 500
需求量（万个）: 100, 150, 200, 250, 300, 350

点 A, B, C, D, E, F 分布在需求曲线上。

💰 影响需求的因素还有哪些？

分析价格对需求量的影响时，需假设其他因素不变。如果其他因素发生变化，也会影响对商品或服务的需求。

生活中的经济学

想一想：有没有你以前不买或很少买，而现在经常买的零食或玩具，或以前很少去但现在经常去的游乐场？产生这种变化的原因是什么呢？

很多因素会影响对某个商品或服务的需求。这些因素包括人口变化、消费者收入变化、消费者偏好变化、替代品价格的变化、互补品价格的变化等。

人口变化如何影响需求？

一个国家或一个地区的人口增加时，人们对大多数商品的需求也会增加，需求的增加意味着需求曲线向右移动。比如手机，随着人口的增加，每个价格水平下的手机需求量也会增加。

在下面的需求曲线坐标图中，D1代表人口增长前手机的需求曲线，D2代表人口增长后手机的需求曲线，D2相对于D1向右移动了。相反，如果人口减少，对手机的需求也会减少，也就是说，每个价格水平下的手机需求量都会减少，这时需求曲线向左移动。

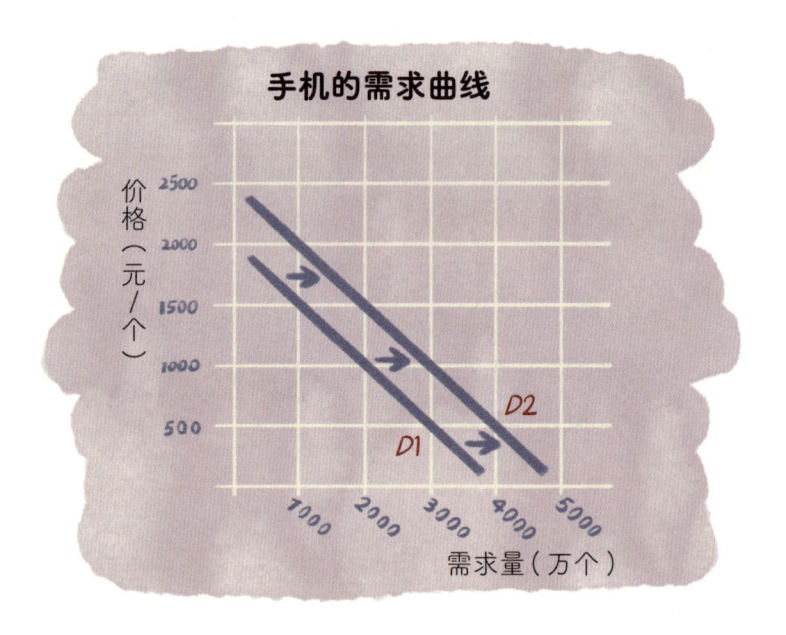

手机的需求曲线

消费者收入的变化如何影响需求？

如果消费者的收入普遍上涨，对大多数商品的需求也会增加，需求的增加意味着需求曲线向右移动。比如手机，随着消费者收入的增加，更换手机的频次会更高，每个价格水平下的手机需求量都会增加。

在下面的需求曲线坐标图中，D1代表消费者收入上涨前手机的需求曲线，D2代表收入上涨后手机的需求曲线，D2相对于D1向右移动了。相反，如果消费者收入普遍减少，对手机的需求也会减少，也就是说，每个价格水平下的需求量都会减少，这时需求曲线向左移动，不过消费者收入普遍减少的情况很少出现。

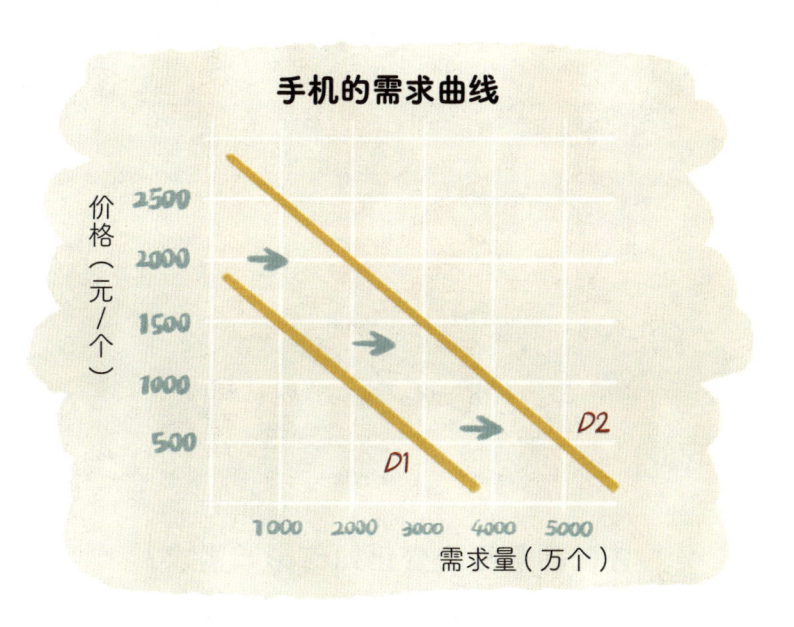

手机的需求曲线

消费者偏好的变化如何影响需求？

消费者偏好反映了消费者对不同商品和服务的兴趣，会受社会环境、时尚变化等因素的影响。当某个产品成为一种时尚时，在各种可能的价格水平下，需求量都会增加，这时需求曲线向右移动。

奶茶这种饮品已经出现了很多年，但以前一直不温不火，那时候奶茶的需求曲线是 D1。近些年喝奶茶似乎成了一种时尚，各种品牌的奶茶店遍布大街小巷，奶茶的需求曲线由 D1 向右移动到了 D2。也许有一天，奶茶的流行度会下降，需求曲线就会向左移动。

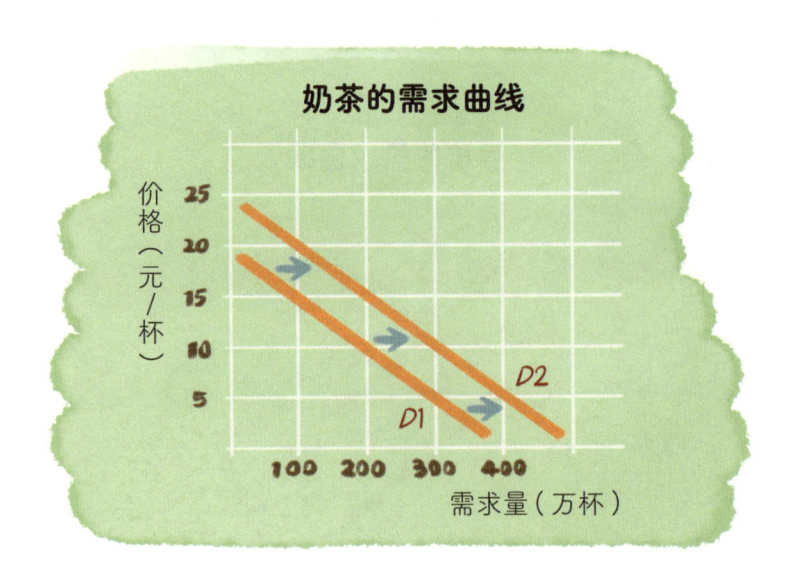

奶茶的需求曲线

替代品价格的变化如何影响需求？

前面提到过，如果两种不同的商品能满足的需求基本相同，价格也大致相同，那么这两种商品是可以互相替代的。例如，麦当劳和肯德基的汉堡互为替代品，可口可乐和百事可乐互为替代品。

如果麦当劳汉堡降价了，人们可能会购买更多的麦当劳，而肯德基汉堡的销量就会减少，这时候肯德基汉堡的需求曲线由 D_1 向左移动到 D_2。如果麦当劳汉堡涨价了，人们可能会购买更少的麦当劳，而肯德基汉堡的销量就会增加，这时候肯德基汉堡的需求曲线向右移动。

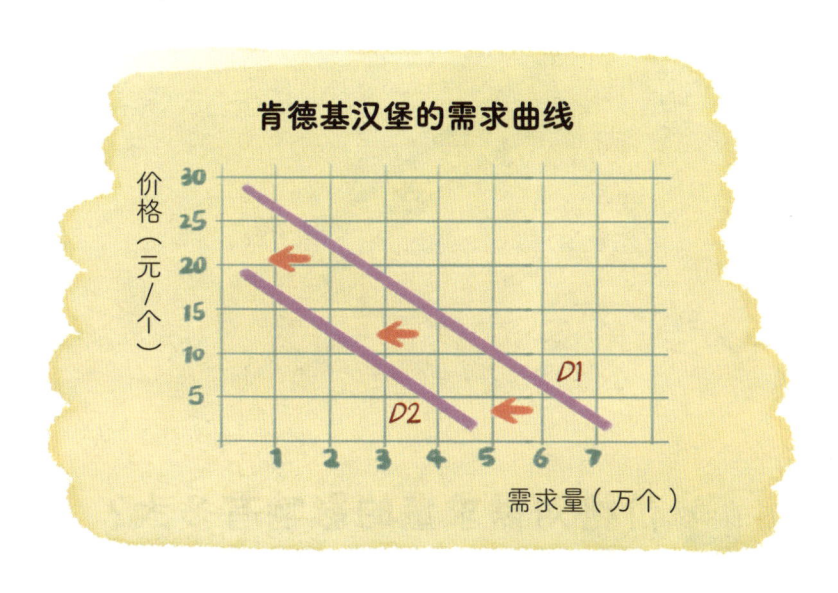

互补品价格的变化如何影响需求？

两种要一起消费才能使消费者得到满足的商品称为互补品。例如，手机和手机壳是互补品，电脑和鼠标是互补品。

如果电脑的价格下降，人们可能会买更多的电脑，鼠标的销量也会跟着增加，这时候鼠标的需求曲线由 D1 向右移动到 D2。如果电脑的价格上涨，人们购买电脑的数量可能会减少，鼠标的销售也会跟着减少，这时候鼠标的需求曲线会向左移动。

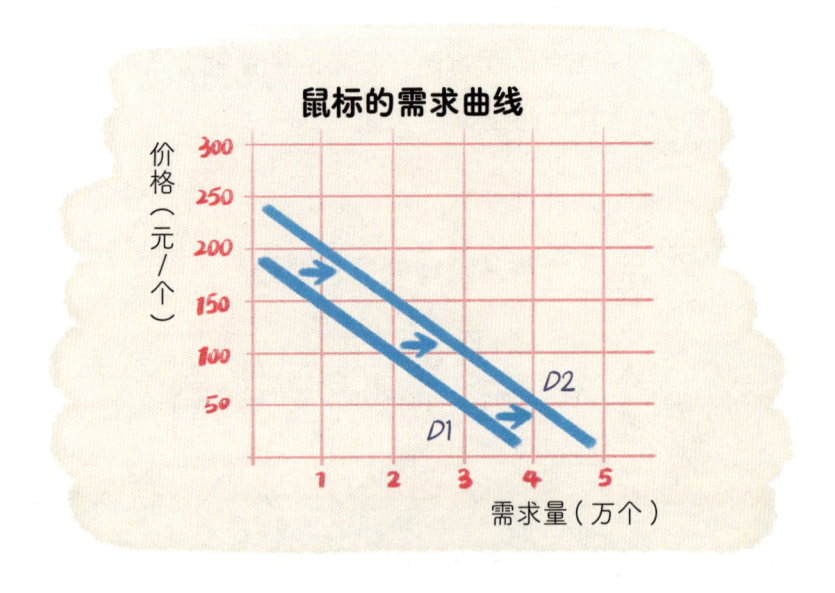

鼠标的需求曲线

价格对需求量的影响有多大？

需求弹性衡量的是价格的变化对需求量的变化有多大的影响。

生活中的经济学

想一想：自来水价格上涨会不会影响你喝水的数量和洗脸的次数？如果不影响，那你家的自来水需求就是没有弹性的。

需求原理非常简单易懂，价格越高，需求量越低。反之亦然。可是价格的变化会导致需求量变化多少呢？假设自来水、西瓜、可乐的价格都上涨10%，很可能自来水的需求量几乎没什么变化，西瓜的需求量可能会减少10%，可乐的需求量可能会减少20%。也就是说，自来水、西瓜和可乐的需求对价格变化的敏感度不太一样。经济学家把需求对价格变化的敏感度叫作需求的"价格弹性"。

什么是富有弹性？

有些商品价格的上涨或下跌会在很大程度上影响人们愿意购买这些商品的数量，这些商品的需求被认为是富有弹性的。也就是说，这些商品的价格变化后，消费者可以灵活选择买或不买，以及买多买少。例如，昂贵的汽车、波士顿大龙虾、可乐，人们可能想要这些东西，但这些并不是人们生活所必需的，因此消费者对它们的需求通常都富有弹性。

什么是缺乏弹性？

有些商品价格的变化基本不会影响人们愿意购买这些商品的数量，这些商品的需求被认为是缺乏弹性的，也可以说这些商品的需求是刚性的。这意味着这些商品的价格变化后，消费者通常不能灵活地选择是否购买以及买多买少。一般情况下，被视为生活必需品的商品，需求都缺乏弹性，比如自来水、大米、盐等。

为什么有些商品的需求富有弹性，而有些缺乏弹性？

一个商品的替代品越多，消费者对这个商品的价格变化越敏感。人们每天都需要摄入食盐，且食盐几乎没有替代品。因此，食盐的需求非常缺乏弹性。饮料的情况正好相反，如果一种饮料的价格上涨，很多消费者可能会购买另一种饮料，因此饮料的需求富有弹性。

购买某个商品的预算占比也会影响需求的弹性。例如，家庭预算中专门用于牙膏的比例非常小，所以即使牙膏的价格翻倍，大多数家庭也不会减少购买，因此牙膏的需求缺乏弹性。相比之下，旅游的需求富有弹性，因为旅游支出占家庭预算的比例很大。

供给曲线体现了供给量和价格的正向变化

✽ 限量供应的秘密 ✽

每次"限量供应"和"限量版"这些词出现在消费者面前的时候,焦虑的情绪很快就弥漫开来,让消费者心甘情愿地为此付出更高的价格。商家的目的达到了!

从限量版的球鞋、限量版的跑车、限量版的包包,到限量供应的各种食物,再到限量的奥特曼卡片,每一款都可以让狂热的粉丝们排队数小时,甚至能忍受太阳的炙烤或是凛冽的寒风。

无论是因为生产资源的稀缺,还是因为营销的"阴谋论",不可否认的是,出现上述现象的原因都是供给严重小于需求。这种供不应求的现象刺激了消费者的购买欲望,也提升了价格。

消费者总是希望商品和服务的价格尽可能低,而生产者总是希望赚得越多越好。接下来,你会了解供给曲线以及生产者赚钱的方式。

如何直观地表示供给量和价格的关系？

供给表和供给曲线都是表示商品供给量和价格关系的直观方法。

> **生活中的经济学**
>
> 如果有人想用 100 元购买你画的一幅画，你会卖吗？1000 元呢？

经济学家使用需求表和需求曲线来表示需求量和价格之间的关系。同样，可以使用类似的表格和坐标图直观地表示供给原理。

供给原理告诉我们，供给量和价格呈正向变化的关系。如果价格上涨，供给量增加；如果价格下跌，供给量减少。以电话手表为例，下面的表格和坐标图都表示每个价格下生产者愿意供应的电话手表数量，只是使用了不同的形式。

供给表中的数据表明，随着电话手表价格的上涨，供给的数量会逐渐增加。比如当电话手表的价格为 500 元时，生产者可以供给 100 万个。

电话手表的供给表

价格（元/个）	供给量（万个）	坐标图中的数据点
500	100	L
600	150	M
700	200	N
800	250	O
900	300	P
1000	350	Q

把表格中每组数据对应的点标在下面的坐标图中。横轴（水平轴）代表供给量，纵轴（垂直轴）代表价格。每个点都代表供给量和价格的一组数据，比如 L 点代表当电话手表价格为 500 元时，供给量为 100 万个。

连接 L 点到 Q 点就能得到电话手表的供给曲线。供给曲线更直观地体现了每个价格对应的商品或服务的供给量。从图中可以看出，供给曲线向右上方倾斜（左低右高），清楚地显示了供给量和价格之间的正向变化关系。也就是随着价格上涨，供给量增加，反之亦然。

你可以比较一下供给曲线与需求曲线，它们之间的区别主要在于：在供给曲线中，供给量和价格之间的关系是正向的；在需求曲线中，需求量和价格之间的关系是反向的。

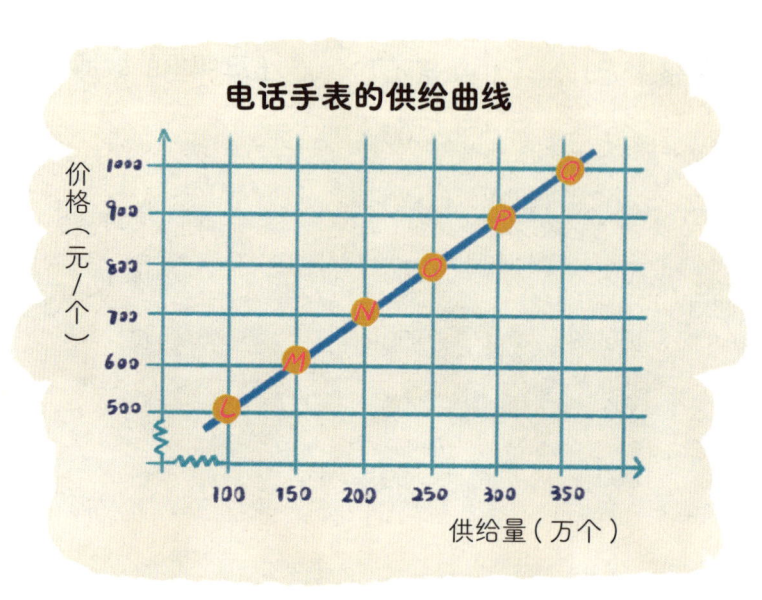

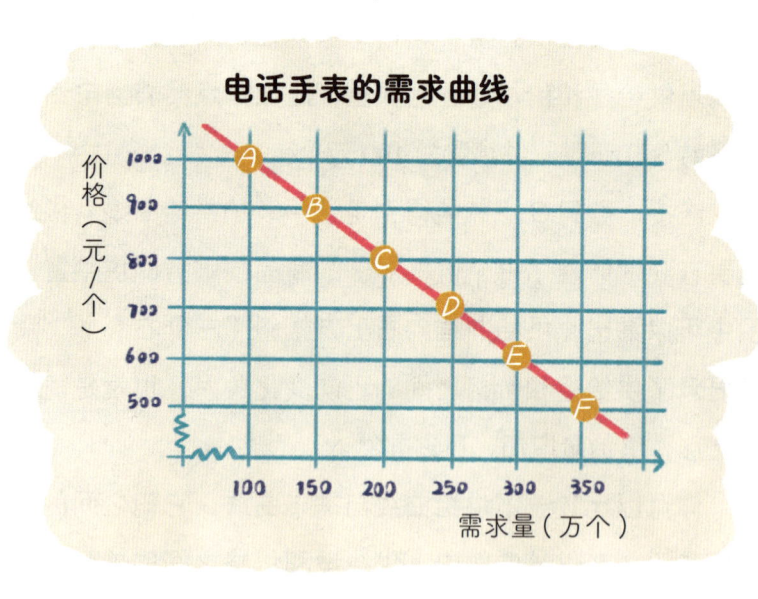

电话手表的供给曲线

电话手表的需求曲线

💰 影响供给的因素还有哪些？

分析价格对供给量的影响时，需假设其他因素不变。如果其他因素发生变化，也会影响商品或服务的供给。

> **生活中的经济学**
>
> 为什么现在电话手表比五年前更常见？

很多因素会影响某个商品或服务的供给。这些因素包括：生产资源的价格、行业内企业的数量、税收和技术。

生产资源的价格变化如何影响供给？

如果生产资源（原材料、劳动力）的价格下降，生产者可以用更低的生产成本提供更多的产品。比如橙汁，如果橙子的价格下降，果汁企业就愿意生产更多的橙汁，每个价格水平下橙汁的供给量都会增加，供给的增加意味着整个供给曲线向右移动。

在下面的供给曲线坐标图中，$S1$ 代表橙子价格下降前橙汁的供给曲线，$S2$ 代表橙子价格下降后橙汁的供给曲线，$S2$ 相对于 $S1$ 是向右移动了。相反，如果橙子价格上涨，橙汁的供给也会减少，也就是说，每个价格水平下的供给量都会减少，这时供给曲线向左移动。

橙汁的供给曲线

价格（元／吨）

2000
1500
1000
500

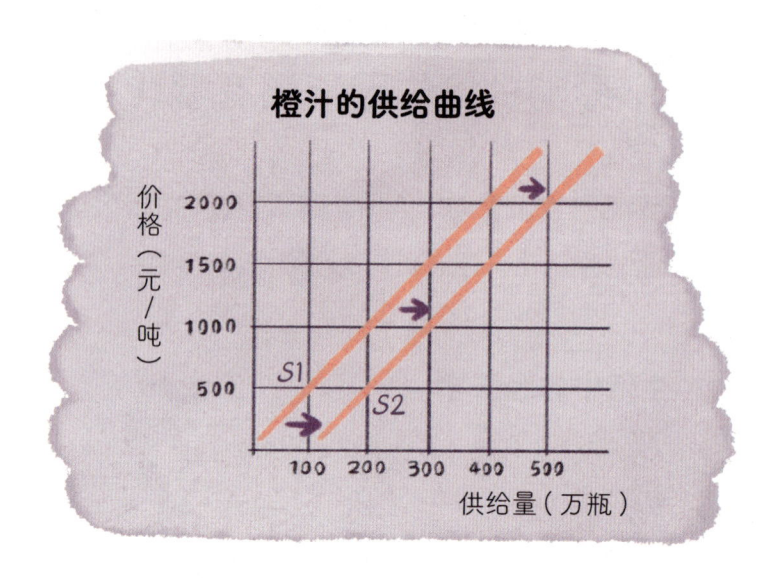

S1 S2

100 200 300 400 500

供给量（万瓶）

行业内企业的数量变化如何影响供给？

市场中的卖家一直在不断地进入和退出。如果有更多企业进入某一个行业，每个价格水平下，生产者提供的商品或服务的数量都会增加，供给曲线向右移动。生产者数量越多，市场供给越大。相反，如果一些生产者退出市场，那么在每个价格水平下，生产者提供的商品或服务数量都会减少，供给曲线向左移动。

在下面的供给曲线坐标图中，S1代表更多企业进入电话手表行业前电话手表的供给曲线，S2代表更多企业进入该行业后电话手表的供给曲线，S2相对于S1是向右移动

了。相反，如果有一些企业退出电话手表行业，电话手表的供给就会减少，也就是说，每个价格水平下的供给量都会减少，这时供给曲线向左移动。

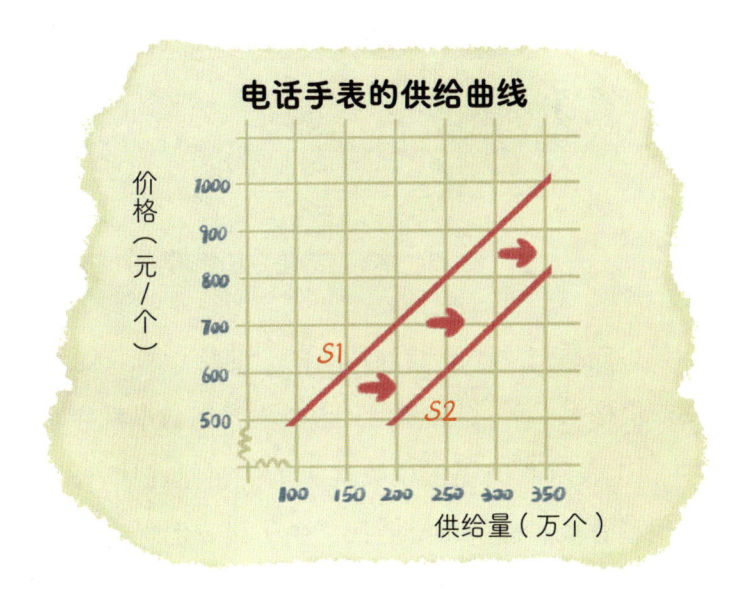

电话手表的供给曲线

税收的变化如何影响供给？

如果政府为了限制某些行业（比如高污染的行业），可能会对该行业的企业征收更多税款，那么企业成本会上升，这会使得生产者不愿像以前那样生产那么多，产品的供给会减少，供给曲线向左移动。相反，政府也可能会鼓励某些行业（比如新能源汽车行业），因此会给这些行业的企业提供税收优惠，那么企业成本会下降，这会使产品的供给增加，供给曲线向右移动。

某高污染行业产品的供给曲线

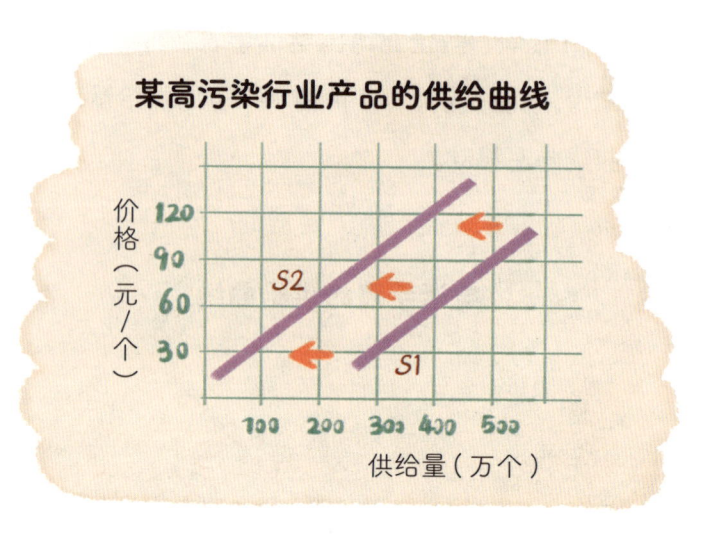

例如，如果对生产新能源汽车的企业给予税收优惠，那么在同一价格水平下，企业供给的新能源汽车数量就会增加。下图中，S1 表示政府提供税收优惠前的供给曲线，S2 表示政府提供税收优惠后的供给曲线。由于税收优惠使得产品成本降低，新能源汽车的供给曲线由 S1 向右移动到 S2。

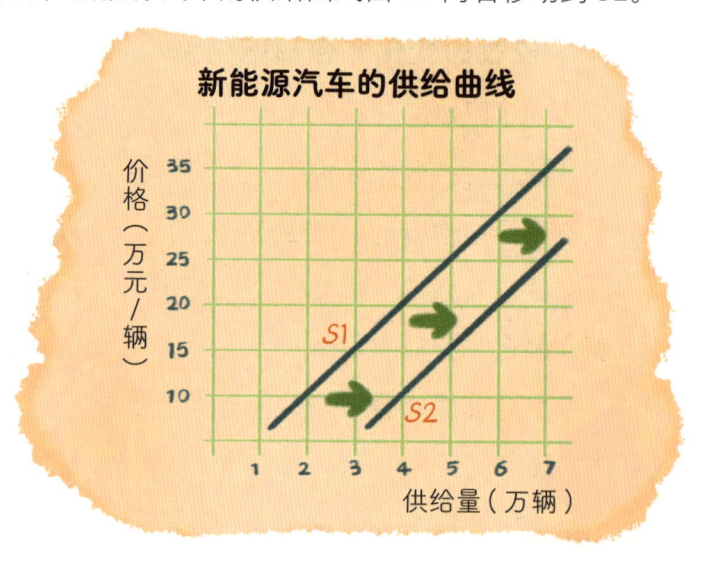

新能源汽车的供给曲线

技术的进步如何影响供给？

企业可以利用科技来开发新产品，或者在生产、分销产品及服务时采用新方式。任何技术的改进都会增加供给，这是因为新技术通常能使生产者以更低的成本生产更多的商品。由于供给增加，所以供给曲线向右移动。

供求平衡为什么很难实现？

✷ 供不应求和供过于求 ✷

供需平衡是市场中理想的状态。所谓的供需平衡，就是供给等于需求，这时候商品的价格会保持稳定。

生产者希望生产出来的都卖出去，一个都不剩才好。消费者希望自己想要的都能买到，一个都不缺。超市希望每天都能把生鲜食材卖光，这样才能保证每天货架上都是最新鲜的食材。可是当你晚上去超市的时候，你会发现很多生鲜产品都在搞促销，通过打折、满减、买赠等各种活动来吸引顾客。实际上超市几乎每天都会出现供给大于需求的情况，也就是人们常说的"供过于求"。过剩出现了，超市又不想把这些剩余的商品留到第二天，那只有想尽一切办法当晚卖光，结果就是：商品的价格下来了。

演唱会门票通常很难买，因为想去看的人实在太多了，而场地空间有限，不可能满足所有人的需求。基本每次都是供给严重小于需求，也就是"供不应求"。

> 短缺出现了！如果不想错过这次难得的机会，那只有通过"地下市场"购买高价票，结果就是：门票的价格上去了。

无论是超市的生鲜食材，还是演唱会门票，在某个时间点，其供给量都不等于需求量，要么供过于求，要么供不应求。接下来，你会了解什么情况下会发生过剩，什么情况下会发生短缺。

价格是由什么决定的？

需求和供给之间的相互作用，决定了商品或服务的价格。

> **生活中的经济学**
>
> 你是否注意过飞机票的价格？是一直保持稳定，还是会上下波动？

是否存在一个价格，在这个价格下，需求量刚好等于供给量？这样的价格是存在的，叫作"均衡价格"。在这个价格下，卖方供给的数量正好等于买方需要的数量。把供给曲线和需求曲线绘制在一张坐标图上就可以直观地表示均衡价格，也就是两条曲线相交的点。

市场怎么实现均衡价格呢？如果卖家认为电话手表的价格是500元，他们愿意生产100万个，但买家想要购买350万个，供给小于需求，会出现短缺。如果卖家将价格提高到1000元，他们愿意生产350万个，但买家只愿意购买100万个，供给大于需求，会出现过剩。卖家会不断地调整价格，直到调整到750元的时候，他们愿意生产225万个，买家也愿意购买225万个，供给等于需求，实现了均衡，750元就是均衡价格，225万个就是电话手表的均衡产量。

电话手表的需求和供给表

需求量（万个）	价格（元）	供给量（万个）	过剩/短缺（万个）
350	500	100	-250
300	600	150	-150
250	700	200	-50
225	750	225	0
200	800	250	50
150	900	300	150
100	1000	350	250

电话手表的需求和供给曲线

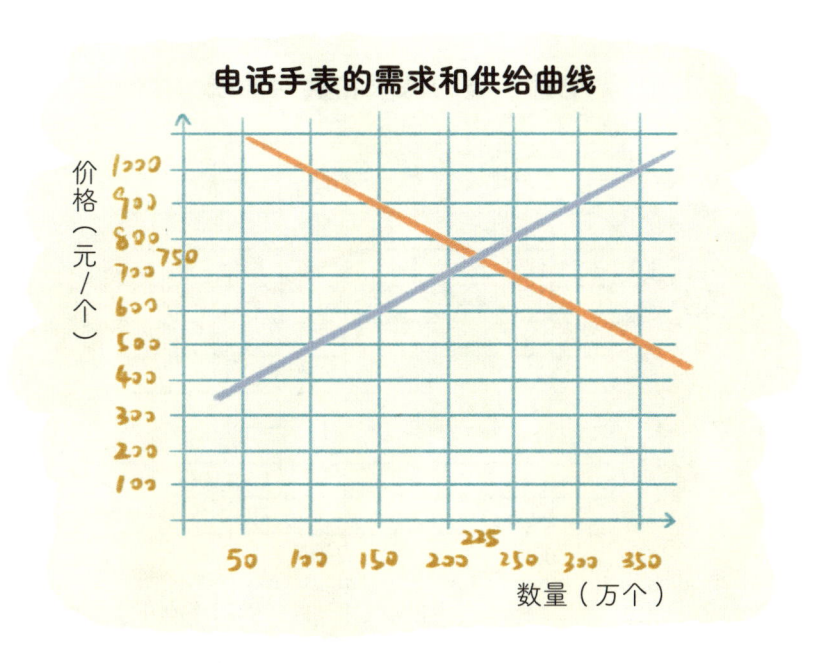

价格（元/个）：1000、900、800、750、700、600、500、400、300、200、100

数量（万个）：50、100、150、200、225、250、300、350

如果供给曲线和需求曲线不变，商品或服务的均衡价格也会保持稳定。如果需求曲线发生变化，均衡价格会怎么变化呢？假设一项研究表明，孩子佩戴电话手表能显著提升社交能力，那么这个发现将会使电话手表的需求曲线向右移动，如下图所示，这时候均衡价格就会上涨了。

电话手表的需求和供给曲线

价格（元/个）：1000, 900, 800, 750, 700, 600, 500, 400, 300, 200, 100

数量（万个）：50, 100, 150, 200, 225, 250, 300, 350

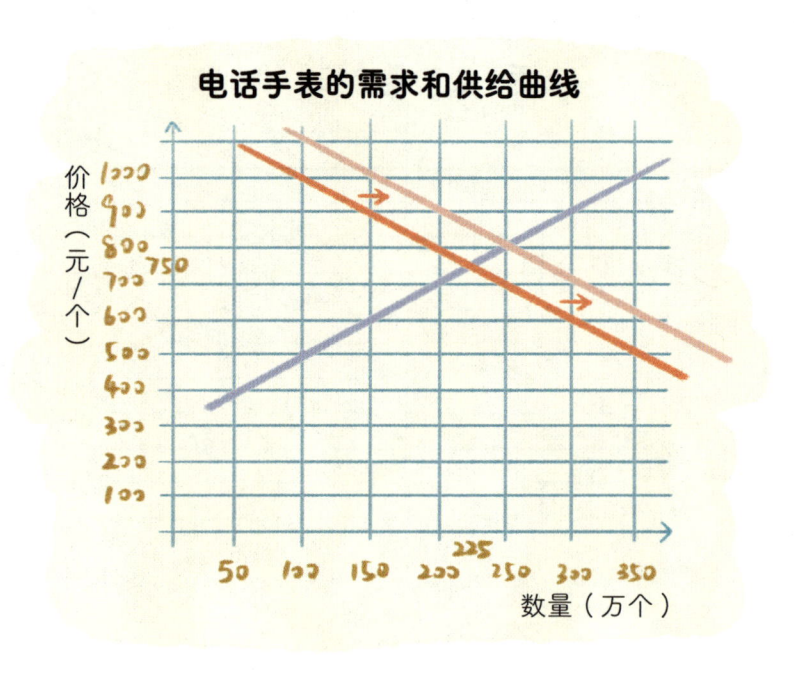

💰 价格会传达哪些信息？

价格作为信号传达信息，协调生产者和消费者的活动。

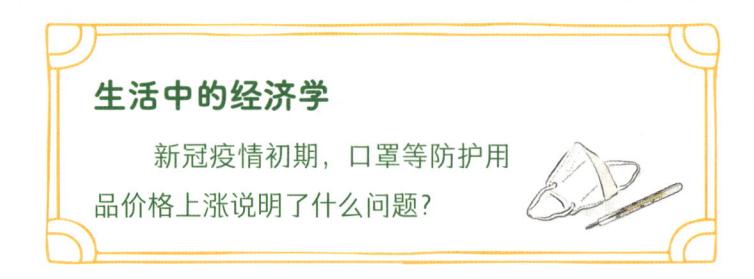

生活中的经济学

新冠疫情初期，口罩等防护用品价格上涨说明了什么问题？

如果商品价格高于均衡价格，生产者会生产更多，消费者会购买更少。如果商品价格低于均衡价格，生产者会生产更少，消费者会购买更多。

如果电话手表的均衡价格是 750 元，也就是说当价格为 750 元时，电话手表的供给量正好等于需求量。

如果生产者把价格定为 700 元，需求量比供给量多 50 万个，电话手表会出现短缺。如果不考虑其他因素的影响，短缺会引起价格上涨，直到价格涨到 750 元时，供给量等于需求量，市场又会实现均衡。

如果生产者把价格定为 800 元，需求量比供给量少 50 万个，电话手表会出现过剩。如果不考虑其他因素的影响，过剩会引起价格下跌，直到价格跌到 750 元时，供给量等于需求量，市场会再次实现均衡。

综合上面的情况，市场会通过价格上涨来消除短缺，也会通过价格下跌来消除过剩。

史蒂文·莱维特

经济学家（1967— ）
芝加哥大学经济学教授
在学术期刊发表过数十篇文章
《政治经济学杂志》主编，《经济学（季刊）》副主编

经济学有时被称为"枯燥的科学"，但经过芝加哥大学经济学教授史蒂文·莱维特（Steven Levitt）的阐释后，经济学一点也不枯燥了。这位曾就读过哈佛大学的经济学家所写的话题包括"作弊的老师""投掷火柴的相扑手"以及"与母亲住在一起的毒贩"，他也因此成了一个有争议的人物。

在莱维特看来，经济学是一门科学，它有很好的工具来寻找答案，但很枯燥，于是他提出了很多有趣的问题。当被问及为什么研究"作弊"和"相扑手"等问题时，他回答说："因为这些问题很有趣，它们看起来很难但实际上很容易。"

2005 年，他的研究方法发表在一本名为《魔鬼经济学：揭示隐藏在表象之下的真实世界》的书中。莱维特与斯蒂芬·杜布纳（Stephen J. Dubner）合著了这本书。这本书将莱维特称为"流氓"经济学家，意思是说他总以非常规的方式回答经济问题。他自己这样解释：

> 书上称我为'流氓'，是'俏皮'的意思。我心目中的'流氓'是那些偏离了经济学家应该研究的主题，没有以严肃态度对待经济学的人。

> **想一想**

莱维特喜欢研究什么样的经济学问题?

"流氓"经济学家是什么意思?为什么莱维特认为自己是"流氓"经济学家?

混合体如何成为爆品？

你听说过涂鸦犬吗？所谓涂鸦犬就是一种杂交犬，是贵宾犬与另一个犬种的混血后代，比如金毛寻回犬、拉布拉多犬、雪纳瑞犬和可卡犬。

这些毛茸茸的涂鸦犬很好看，还不掉毛，而且很友善，所以很受欢迎。涂鸦犬还有一个优点，它们有贵宾犬的聪明才智，且外表与典型的贵宾犬有明显不同。不过，涂鸦犬不是标准化的，在外观、个性、体质和价格上都不尽相同。

虽然还是有些人更喜欢纯种狗，但这并不能阻止涂鸦犬成为爆品，有人说涂鸦犬满足了人们对狗狗所有的幻想。

成为爆品的不只是混血狗狗。如果你身边有咖啡爱好者，他一定记得2023年9月的第一个周一，中国各个城市的白领们，各个手捧一杯酱香拿铁，远看像茅台，近看还是像茅台。没错！这是咖啡和中国白酒茅台的混合体，让消费者体验到了"美酒加咖啡"的滋味。之所以酱香拿铁能成为爆品，也是因为它满足了年轻消费群体的需求。

传统咖啡太过单调，即使近些年推出了各种新奇的拿铁，无论是黑芝麻拿铁，还是玉米拿铁，甚至是臭豆腐拿铁，都没有创造出爆炸性的需求。所以说，并不是所有的混合体都可以成为爆品，还是要看消费者到底想要什么。

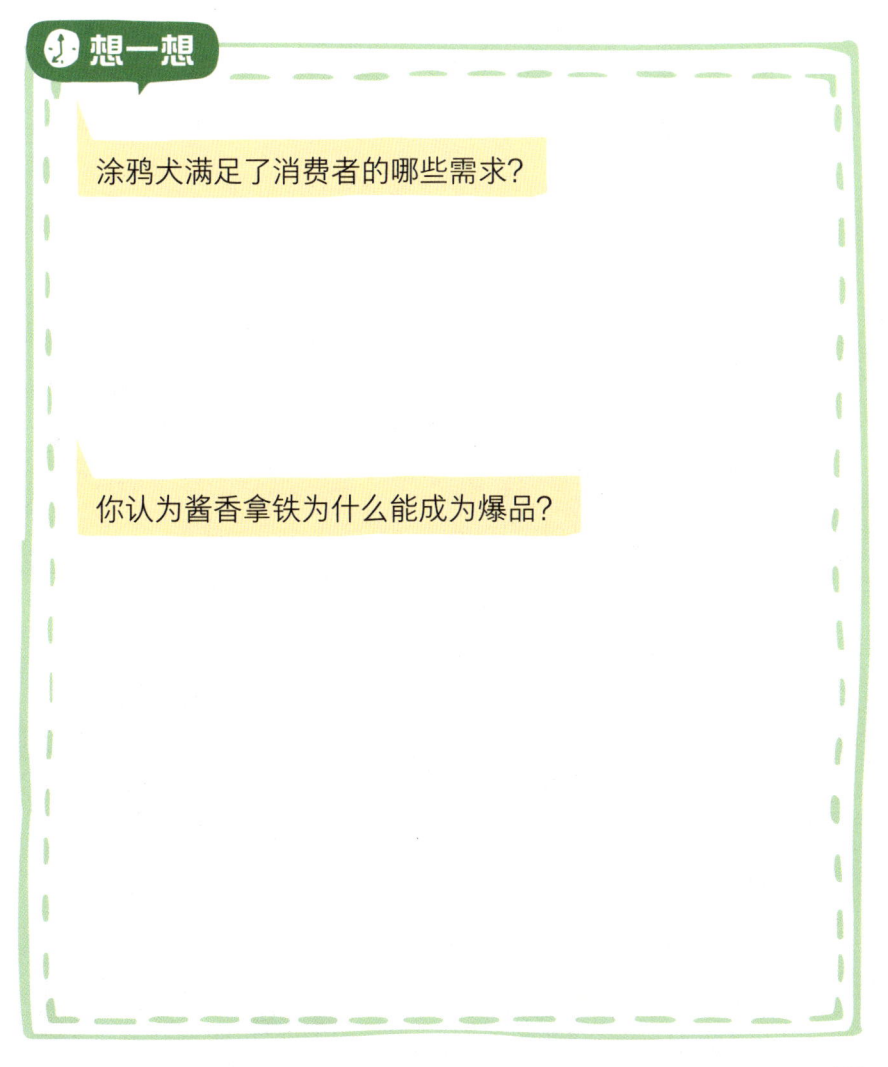

> **想一想**
>
> 涂鸦犬满足了消费者的哪些需求？
>
> 你认为酱香拿铁为什么能成为爆品？

为什么职业篮球运动员的薪水这么高？

2022年，洛杉矶湖人队的勒布朗·詹姆斯总收入超过了1亿美元。金州勇士队的斯蒂芬·库里和菲尼克斯太阳队的凯文·杜兰特每人收入均超过8000万美元。即使NBA中收入偏低的圣安东尼奥马刺队，该队的球员道格·麦克德莫特2022年的收入也超过了1000万美元。为什么职业篮球明星能赚这么多？

你有没有听人们抱怨过，职业篮球运动员赚的钱太多了！有些职业很重要，而且很有价值，但他们的薪水可能并不高，比如老师和护士。你可能会认为，护士通过挽救生命造福社会，老师对国家的年轻人产生巨大影响，而篮球运动员凭什么赚那么多？那么，从经济学角度来看，为什么说这些收入的差异是合理的呢？

某种程度上，不同职业的收入也是由供需关系决定的。社会对某类职业有高需求，而能够从事该类职业的人员供给不足，通常会使得这个职业的人收入更高，反之亦然。

能够到 NBA 打篮球的球员非常稀缺，供给量极小，因此 NBA 球员的收入可能会非常高。

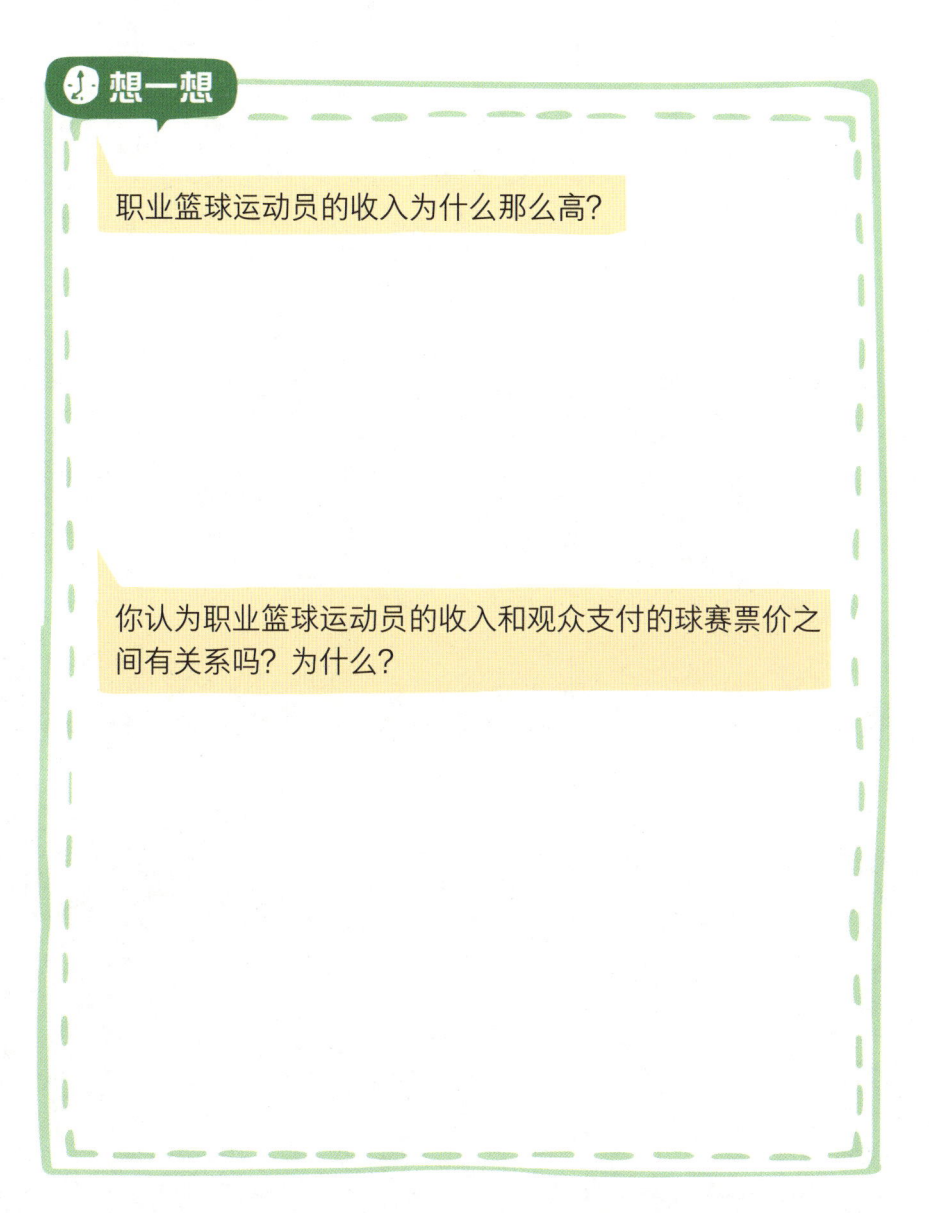

> **想一想**
>
> 职业篮球运动员的收入为什么那么高？
>
> 你认为职业篮球运动员的收入和观众支付的球赛票价之间有关系吗？为什么？